KB267807

신뢰를 파는 것이
세일즈다

모든 것을 이기는 세일즈의 제1법칙

신뢰를 파는 것이 세일즈다

한국세일즈코치협회 엮음

오정환·나상오·김신우·이소형·강상옥·이수미 지음

호이테북스
today

차례

3장 - 전문가다운 이미지를 심어라

4장 - 고객 문제 파악과 구매 욕구 강화

5장 - 마음을 흔드는 설득법

세일즈 경쟁력,
그 해법은 무엇인가

'김영란 법'은 세일즈맨들에게 더없이 좋은 기회다. 사회가 투명해질수록 뇌물이나 접대 같은 부정적인 거래는 줄 수밖에 없다. 그렇다면 공정거래에서 누가 더 많은 성과를 올리게 될까? 세일즈 능력이 뛰어난 사람이다. 사회가 투명해질수록 세일즈의 가치는 올라갈 수밖에 없다.

한국세일즈코치협회는 이러한 시대에 세일즈맨의 경쟁력과 전문성 향상을 지원하기 위해 창립되었다. 대통령조차 세일즈를 해야 하는 시대에 정작 세일즈맨들이 세일즈를 모른다면 말이 되겠는가? 부정적인 세일즈, 주먹구구식 세일즈를 청산하고 올바르고 깨끗한 세일즈를 정착시키고 싶은 마음이 간절하다.

세일즈는 결국 사람과 사람의 관계다. 그러므로 세일즈 형식에 상관없이 가망고객과 일대일로 마주했을 때 어떻게 해야 신뢰를 얻는지, 어떻게 해야 고객의 욕구를 파악하고 강화하는지, 어떻게 해야 고객을 효과적으로 설득하는지, 마무리는 어떻게 하고 고객 관리는 어떻게 하는지 구체적인 방법을 안다면 더 나은 성과를 올릴 수 있다.

이 책은 바로 그러한 기술에 관한 책이다. 기존 세일즈 관련 서적들이 보험이나 자동차 같은 특정 분야에 치중한 반면, 이 책은 B2C나 B2B 영업 사원 모두에게 유용하다. 저자들이 다양한 세일즈 분야에서 오랫동안 많은 경험을 했기 때문에 가능한 일이다. 모든 분야가 마찬가지지만 세일즈도 오랜 경험이 축적되어야 탁월한 성과를 낼 수 있다.

그렇다고 해서 책 한 권 달달 외운다고 세일즈 스킬을 완벽히 습득할 수 있는 것은 아니다. 답은 이미 나와 있다. 책으로 기본 원리를 익히고 현장에서 수많은 시행착오를 겪으며 경험을 축적해야 한다. 문제는 세일즈를 일이십 년 동안 했더라도 개선 없이 항상 하던 대로 하는 것이다. 그러면 아무리 오랫동안 경험을 하더라도 축적되는 것은 없다. 그런 의미에서 이 책은 세일즈맨들에게 제대로 도움을 줄 것이다.

이 책의 구성은 다음과 같다.

<1장. 세일즈의 역사와 역할>에서는 세일즈의 역사를 개괄하며 세일즈가 인류 역사에 어떤 영향을 미쳤는지 고찰한다. 아울러 현대 산업사회에서 세일즈와 세일즈맨의 역할에 대해 살펴본다.

<2장. 성공한 세일즈맨의 태도>에서는 세일즈맨이 어떤 자세와 태도로 일해야 성공할 수 있는지 다루었다. 아무리 기술이 뛰어나도 태도가 바르지 않으면 절대 성공의 반열에 오를 수 없다. 빠르게 바뀌는 세상에서 성공하려면, 명확한 목표를 세우고 철저하게 시간 관리를 하며 준비해야 한다. 세일즈맨으로서 전문성을 갖추어야 최고의 세일즈맨이 될 수 있다는 사실을 강조한다.

<3장. 전문가다운 이미지를 심어라>에서는 고객의 신뢰를 얻는 다양한 방법을 소개한다. 처음 고객을 만날 때부터 고객 관리 단계까지 고객의 신뢰를 얻는 방법에 대해 다루었다. 아울러 신뢰를 얻기 위해 첫인상은 어떻게 가꾸고 고객을 칭찬하는 방법은 무엇인지 현장에서 활용할 만한 내용으로 구성했다.

<4장. 고객 문제 파악과 구매 욕구 강화>에서는 질문을 집중적으로 다루었다. 질문의 역할과 종류를 알아보고 질문의 기본기를 익히도록 했다. 세일즈의 기본은 고객의 문제와 고객의 니즈를 파악하고 해결하는 것이다. 고객의 문제를 파악하려면 먼저 질문을 해

야 한다. 그리고 질문으로 고객의 위기의식을 높여야만 구매 욕구를 키울 수 있다. 현장에서 영향력 있는 질문을 구사하는 방법을 구체적인 예문으로 알려준다.

〈5장. 마음을 흔드는 설득법〉에서는 효과적으로 고객을 설득하는 방법을 제시한다. 제품의 특징이나 장점을 논리적·이론적으로 설명하는 것만으로는 고객의 마음을 흔들 수 없다. 고객의 마음을 흔들어 구매를 유도하려면 감성을 자극해야 한다. 여기에는 어떤 방법이 있을까? 4장은 구체적인 사례를 들어 세일즈맨들의 이해를 돕는다.

〈6장. 세일즈의 꽃, 클로징〉에서는 다양한 클로징 방법을 다룬다. 클로징은 축구의 슈팅과 같다. 세일즈를 마무리하는 매우 중요한 순간인 것이다. 모든 과정을 완벽하게 진행해왔더라도 이 단계에서 실패하면 물거품이 된다. 망설이는 고객에게 어떻게 대처하고 가격 문제는 어떻게 해결하는지 매우 구체적으로 다루었다.

〈7장. 돈이 되는 고객 관리〉에서는 고객 관리 방법을 제시한다. 특히 어떻게 불만고객을 다루고, 어떻게 고객 관리를 활용해 소개받을 것인가는 세일즈맨들에게 실질적인 도움이 될 것이다.

책을 내본 사람이라면 알겠지만, 책을 쓰는 일은 결코 만만한 작업이 아니다. 특히 일하며 따로 시간을 내 집필하려면 분명히 다른 부분의 손해가 있게 마련이다. 협회 이사님들이 책을 내겠다는 각오로 자료를 조사하고 경험들을 수집하고 그것을 다시 글로 표현하는 고된 과정을 잘 견뎌주신 데 감사드린다.

한국세일즈코치협회 회장

오정환

1장

세일즈의 역사와 역할

세일즈의 역사

하버드 경영대학원의 월터 프리드만Walter Friedman 교수는 자신의 책《세일즈맨의 탄생Birth of a Salesman》에서 이렇게 말했다.

"경영대학원에서는 주로 마케팅 과목 내에 판매관리 수업을 제공할 뿐 본격적인 세일즈 기술을 가르치진 않는다. 1910년대와 마찬가지로 세일즈는 유명 실용서나 성공한 세일즈맨의 회고록에나 어울리지 정식 과목으로 인정하기에는 여전히 어려운 주제로 남아 있다."

사실 세일즈의 역사는 인류의 역사만큼이나 오래되었다. 좀 더 풍요로운 생활을 위해 물물교환 시절부터 세일즈를 했기 때문이다. 세일즈라는 현대적 개념으로까지는 인식하지 못했겠지만, 그들 마음속에는 교환 개념과 이익과 손해 개념이 분명히 자리 잡고 있었다. 그런 관점에서 볼 때, 세일즈의 역사는 단순히 하나의 산업을 넘어 인류의 역사라 할 수 있다. 하지만 월터 프리드만 교수의 말처럼 세일즈는 아직 미국에서조차 학문적으로 인정받지 못하고 있는 실정이다.

1. 세일즈와 보부상

우리나라의 전통적인 세일즈 역사는 보부상褓負商에서 찾을 수 있다. 보부상은 산골의 작은 마을까지도 그냥 지나치지 않고 교환 개념을 전파한 국내 세일즈의 시초라 할 수 있다. 그들은 근대적인 세일즈 개념을 확립하기 전부터 활동해 국가경제 발전에 지대한 공헌을 했다.

보부상은 전근대사에서 생산자와 소비자 간 교환경제의 매개였던 전문상인으로, 봇짐장수인 보상褓商과 등짐장수인 부상負商을 통틀어 일컫는 용어로 '부보상負褓商'이라고도 한다. 보상은 기술적으로 발달한 정밀 세공품이나 값비싼 사치품 등의 잡화를 주로 취급했고, 부상은 생활필수품과 가내수공업 제품을 주로 다루었다.

보부상의 태동은 1883년으로 거슬러 올라간다. 원래 별개 조직이던 보상과 부상을 고종 20년에 설치한 혜상공국惠商公局 아래 통합하면서 조직되었다. 보부상은 현재의 '중간 유통업자'와 같은 역할을 담당했다. 고려시대까지는 보부상과 객주 등의 중간 유통 구조가 거의 없었다. 각 지역에 '허시'라고 부르는 향시가 서로 필요한 물건을 물물교환한 것이 전부였다. 이후 조선시대 들어 상품 생산이 전문화되고 많은 백성들이 지방으로 진출하면서 정기 시장망의 필요성이 대두하고, 보부상과 객주가 등장해 중간 유통 단계를 담당함으로써 지역 간 원활한 상거래가 이루어졌다.

우리나라 전통시장의 역사는 신라 소지왕 12년(490년) 경주에서 시작되었다는 것이 정설이다. 여러 문헌에서 그 이전에도 시장의 흔적을 찾을 수 있다고 주장하지만, 아직까지는 신라시대를 한국 전통시장의 시작점으로 본다. 신라시대 이후 시장은 잠시 침체기를 맞는다. 고려시대 들어 불교의 융성으로 많은 농민과 상인이 사원에 예속되어 상거래에 많은 제약을 받았기 때문이다. 또한 자유로운 상거래를 규제하고, 상거래를 수도인 개성으로 한정하는 등의 이유로 고려시대에는 시장이 큰 발전을 이루지 못했다.

전통시장은 조선시대에 이르러 새로운 전기를 맞았다. 조선 초 수도 한양으로 많은 인구가 몰리며 성 내의 곳곳에 매일 장 형태의 노점이 생겨나 상거래가 활발해졌다. 또한 정종 원년(1399년)에는 고정 점포인 시전을 처음 설치해 그 좌우로 800여 개의 행랑이 늘어서기도 했다.

이와 같은 조선시대의 기본 상거래 구조가 지방으로 전파된 것은

15세기 말로 추정된다. 그 결과, 15~18세기에 지방에는 '향시'라는 정기 시장이 1천여 개 이상 개설되었다. 그리고 18세기에는 대동법 실시에 따라 물자를 전문적으로 공급하는 공인들이 생겨나면서 시장은 더욱 발전하게 되었다.

조선시대 후반 시장망이 지방으로 확대되며 지역 간 교류의 필요성이 대두되자 보부상이 활약하기 시작했다. 상인과 지방의 각 향시를 연결하던 보부상은 지역 간 유통을 전담했고, 향시가 약 30리 12km 간격으로 형성되었다. 보부상은 하루 왕복 거리에 있는 향시는 물론 지름길을 활용해 더 먼 곳까지 왕래하며 조선시대 상거래를 이끌었다. 교통이 발달하지 않은 조선시대에 지역 간 문물을 전파한 것도 보부상의 역사적 의미 중 하나이다. 보부상은 현재 전국 1,500여 개 전통시장의 조상이라 할 수 있다. 단순히 물물교환을 넘어 시장을 경제활동의 장으로 만든 일등공신이었던 것이다.

2. 세일즈의 발전

현대적 의미에서 세일즈의 역사는 미국에서 시작되었다. 1800년대 당시 세일즈는 지금과 매우 다른 형태였다. 오늘날처럼 화폐를 교환 수단으로 사용하지 않았기 때문에 물물교환 형태였다. 그런 점에서 당시 사람들의 삶에 가장 큰 영향을 미친 것은 바로 상인, 즉 세일즈맨이었다.

넓은 땅에 띄엄띄엄 떨어져 공동 부락을 이루어 살던 사람들에게 새로운 물건을 전해준 사람은 보따리장수, 행상인, 도붓장수였다. 그들은 큰 가방에 온갖 잡동사니를 담은 채 위험을 무릅쓰고 사방팔방을 횡단하며 판로를 개척했다. 그들은 험한 산, 바다, 강, 사막, 낯선 도시를 가로지르며 물건을 팔았다. 그들이 판매한 물건은 가위, 단추, 피뢰침부터 프라이팬, 책까지 없는 물건이 없었다. 때로는 문전박대를 당하면서도 불굴의 의지로 집집마다 돌아다니며 인간의 삶에서 없어선 안 될 온갖 물건들을 팔았다.

하지만 물건을 파는 것은 쉽지 않았다. 통일되지 않은 화폐, 주마다 다른 법률, 사람들 간의 경계, 불신 등 각종 장벽이 세일즈맨들을 가로막았다. 그러나 그들은 그 장벽을 뛰어넘으며 세일즈의 새로운 영역을 개척해나갔다.

이렇듯 세일즈 초기에는 보따리장수식 판매, 즉 집집마다 돌아다니며 물건을 파는 것이 전부였다. 그 형태가 우여곡절을 거치며 차츰 발전해 현대 경영학의 한 분야로 자리 잡았고, 거기서 마케팅과 광고가 파생되었다. 물건을 팔다 보면 더 많이 팔고 싶는 욕심이 생긴다. 그래서 판매원들은 나름대로 터득한 판매기술을 체계화했고, 관리자들은 그것을 책으로 펴냈으며, 학자들이 거기에 관심을 보이면서 경영학의 한 분야로 자리 잡기에 이른 것이다.

그 과정에서 엄청나게 많은 판매원용 지침서, 가이드북, 잡지, 사보, 월간지를 발행했는데, 그 간행물들은 훗날 경제서의 주춧돌이 되었다. 나아가 소비자의 힘이 강해지고 물건을 팔려면 소비자를 분석해야 한다는 흐름이 대세를 이루면서 심리학자들이 뛰어들어 소비자 심리를 분석하기 시작했다. 즉, 현대 경제의 모든 성과는 100여 년 전 보따리상에서 출발했다고 해도 과언이 아니다.

사소한 물건도 꾸준히 팔다보면 노하우가 생긴다. 그리고 이런저런 고객들을 상대하다 보면 다양한 판매 방법의 필요성을 깨닫는다. 하지만 1800년대 후반까지만 해도 판매 관련 서적은 찾아볼 수 없었다. 지금은 세일즈 관련 서적들이 쏟아져 나오지만, 이러한 책들의 출발점도 보따리상들이었다. 그들은 자신이 체득하고 깨달은 판매 방법을 노트에 기록하거나 다른 판매원들에게 알려주거나 회고 형식으로 남겼다.

처음에는 판매에 대한 사소한 성공방식을 기록한 것들이 책이 되어 대중에게 선보였다. 그렇게 해서 1903년 《세일즈맨십》이라는 잡지가 등장했고, 《세일즈맨의 기회》가 그 뒤를 이었다. 이후 《묘목 판매원의 비밀 가이드》가 출간되었고, 《산업보험 판매원의 고백》과 같은 폭로서도 나왔으며, 《제과 저널》과 같은 업계 홍보지도 간행되었다. 물론 세일즈맨을 비판하는 《시계 제작자: 슬릭빌의 샘 슬릭의 언행》도 나왔다. 이런 사보, 지침서, 가이드북, 회고록, 안내서 등은 종류가 너무 많아 일일이 열거하기 어려울 정도였다. 세일즈맨을 통렬히 비판한 대표적 작가는 《백경》을 쓴 허먼 멜빌과 헨리 데

이비드 소로다. 그들의 책에는 세일즈맨에 대한 재미있는 일화와
풍자가 담겨 있다.

3. 세일즈 문화의 생성과 변천

본격적인 영업이 시작된 세일즈 사이언스 시대The Era of Sales Science,
1890~1920년에 기업들은 영업 사원과 관리자들의 기대치를 정의하는
데 주력했다. 기업들은 영업 사원들이 신뢰를 구축하고 판매 제품의
전문가가 되어야 한다고 생각했다. 그러나 그보다 더 중요하게 생각
한 것은 영업 시스템, 영업 방법, 영업 접근법이었다. 당시 사람들은
전문적인 영업의 의미를 이해하고, 그것들을 본격적으로 글로 쓰기
시작했다. 베테랑 영업 사원들이 신입 영업 사원들에게 영업을 개인
적으로 가르치기 시작한 것이다. 학습의 대부분은 비공식적이었으
며 개별적인 일화를 들려주거나 코칭으로 가르쳤다.

영업 관리자들은 거래 시점을 특별한 시점으로 나눠 신입 사원이
나 동료 관리자들에게 거래에 어떻게 성공했는지, 왜 성공했는지,
향후 일어날 수도 있는 실수를 방지하기 위해 무엇을 해야 하는지
등을 가르쳤다. 베테랑 영업 사원인 영업 관리자들은 고객을 끌어
들이는 성공 사례와 효과적인 전략을 전수했고, '고객에게 어떻게
접근할 것인가?', '어떻게 악수할 것인가?'와 같은 수많은 주제를 영

업 교육 프로그램으로 다루었다.

세일즈 프로세스 시대The Era of Sales Process, 1920~1945년에 이르러 영업과 영업 관행에는 변화가 일어났다. 이전까지만 해도 영업 사원들이 한 번에 하나의 거래Transaction 기회를 파악한 후 클로징Closing 하도록 지원하는 데 주력했지만, 세일즈 프로세스 시대에는 이전 시대의 접근법들을 토대로 또 다른 과제, 즉 좀 더 많은 고객들에게 접근하는 방법을 빠르게 인식하게 되었다. 이전과는 달리 방법론적인 부분에서 다수 거래를 추진하기 시작한 것이다. 영업팀원들과 트레이너들은 신입 영업 사원들에게 반복적으로 세일즈 프로세스를 훈련하는 방법들을 개발했고, 이것들은 다수 거래를 효과적으로 추진하는 토대가 되었다. 오늘날 우리가 사용하는 수많은 영업 관련 용어들, 가령 호별 방문Convass, 구역Territory, 할당량Quota, 영업팀 Sales Team, 세일즈 프로세스Sales Process 등은 이 때 만들어졌다.

이전까지만 해도 영업 사원들은 실수를 하며 스스로 영업 스킬을 터득하거나 선배들의 업무 방식을 벤치마킹하며 현장에서 지식을 습득했지만, 이 때부터 관리자들은 교재를 이용해 영업팀에게 영업 스킬을 가르치기 시작했다. 영업 교육은 주로 제품의 특징과 이점 그리고 프레젠테이션과 클로징을 어떻게 효과적으로 하는가에 초점이 맞춰져 있었다. 또한 영업 방식은 눈에 확 띄는 영업 프레젠테이션과 고객들의 이견을 설득하는 방법에 주력하기 시작했다. 긍정적인 태도가 수많은 영업 교육 프로그램의 핵심이 된 것이다.

제2차 세계대전 직후인 세일즈 관계 시대The Era of Sales Relationship, 1945~1985년에는 고객들이 생활적 편의에 대한 수요가 급증하면서 개인용 사치품들이 인기를 끌기 시작했다. 마케터와 광고주의 시대로 접어들면서 TV와 같은 대중 매체와 인쇄 매체를 통한 광고가 각광받기 시작했다.

이 시기에 교육 프로그램은 영업 활동을 프리클로징Preclosing하고 새로운 거래를 성공적으로 마무리하는 데 초점을 맞추었다. 오디오 테이프를 활용한 교육이 인기를 끌기 시작하고, 회보Newsletter가 보편화되면서 많은 잡지들이 영업 사원 개발에 활용되었다. 영업 교육의 목적은 잠재적 구매자Prospective Buyer의 주의를 끌어 관심을 유도하고 고객과 개인적인 관계를 구축함으로써 관심을 실제 구매로 연결시키는 것이었다. 많은 영업 사원들이 구매자 동기부여Buyer Motivation 프로세스를 교육받았다. 그 결과, 교육 프로그램은 다양한 유형의 고객 관계와 그에 따른 고유 니즈(예: 구매자 유형, 의사 결정자, 게이트 키퍼, 코치 등)를 다루게 되었다.

그뿐 아니라 클로징 기법, 구매자 이견(반발)에 대한 대응책과 구매자 제스처에 대한 이해 등을 주제로 한 교재도 만들어졌다. 그리고 전화, 팩스와 같은 신기술을 효과적으로 활용해 영업 사원들이 고객에게 더 가까이 다가간 결과, 고객들은 문제나 의문이 생기면 영업 사원에게 손쉽게 연락해 도움을 받게 되었다.

세일즈 기법 시대The Era of Sales Technology, 1985~2005년의 특징은 고

객의 컴퓨터 사용 확산, 인터넷의 발전과 궤적을 함께 한다. 세일즈 프로세스와 고객 행동을 깊이 이해하면서 영업 사원은 기술을 활용해 더 신속하게 시장 동향Market Trend에 대응하고 중요한 산업 관련 뉴스를 제때 접하고 고객들을 더 정확히 이해하게 되었다. 또한 영업 조직이 고객 관계관리Customer Relationship Management와 영업력 자동화 툴Sales Force Automation Tool을 도입하고 적극적으로 활용하면서 마케팅, 영업, 서비스 부서들은 전반적인 거래 상황을 더 정확히 이해할 수 있게 되었다.

이 시대 교육 프로그램의 특징이라면 더 포괄적인 솔루션으로 제품들을 끼워 팔거나 애프터서비스에 초점을 맞췄다는 것이다. 기업들은 영업 사원들에게 컨설팅 영업Consultative Selling과 솔루션 평가 방법을 교육하고, 문제 해결자Problem Solver와 CEO처럼 생각할 것을 요구했다. CEO는 구매 결정이 조직 전반에 미치는 영향을 항상 염두에 두고, 영업 교육은 시장이 복잡해짐에 따라 단계별 전문 지식Vertical Expertise과 프로젝트 관리 스킬Project Management Skill에 초점을 맞추게 되었다.

영업 관리자들은 기존 영업 사원들을 교육하기보다 영업 스킬을 갖춘 인물을 스카우트하고, 세일즈 인재들을 구하는 것이 점점 어려워지면서 신입 사원 교육 프로그램을 중시하기 시작했다. 또한 영업팀이 여러 곳에 분산되면서 중앙 집중식 교육과 연례행사를 치르는 것이 점점 힘들어졌다.

이 과정을 거쳐 오늘날과 같은 세일즈 역량 시대The Era of Sales Competency, 2005~ 가 도래했다. 지금처럼 복잡한 비즈니스 환경에서 살아남으려면 진심으로 고객을 이해하고 견고한 관계를 구축하며 고객 가치를 창출할 전문 영업 사원이 필요하다. 아직까지 과거 잔재가 남아 있는 조직이 있을 것이다. 대부분의 조직이 고객을 이해하고 유용한 컨설팅 서비스를 제공함으로써 윈윈 솔루션을 개발하는 데 최선을 다한다고 주장하지만, 과거 잔재가 남아 있는 한 그것은 요원할 것이다. 이런 어려움을 해결하려면 전체적 접근법Holistic Approach이 필요하며 영업팀이 직면한 복잡한 환경을 정확히 이해해야 할 것이다.

오늘날의 고객들은 복잡한 비즈니스 문제에 대한 해결책으로 독창적인 솔루션을 요구한다. 따라서 영업 사원들은 이전 세일즈 시대에서 습득한 정보와 지식을 자기 것으로 만들어 자신만의 독특한 영업 방법을 개발해야 한다. 이를 위해서는 성공에 필요한 지식, 스킬, 능력을 통합적으로 이해할 수 있어야 한다.

세일즈와 세일즈맨의 역할

1. 세일즈의 역할

이 세상에는 수많은 기업들이 다양한 상품들을 만들어 낸다. 유형의 상품Goods이든 무형의 상품Service이든 말이다. 상품을 팔아야만 회사가 유지된다. 상품 판매의 모든 과정이 영업이다. 즉, 영업은 기업의 상품을 소비자에게 연결하는 것이다. 따라서 영업은 기업의 가장 중요한 활동이다. 물건을 잘 만들기 위해 존재하는 기업은 없다. 회사의 존재 이유는 생산한 상품을 판매해 수익을 창출하는 것이다.

판매는 기업의 근본적 활동이고 나머지는 모두 판매를 위한 지원 활동에 불과하다. 좋은 상품을 만드는 것은 많은 판매로 수익을 내기 위한 것이며, 마케팅, 인사, 재무 활동은 결국 판매를 지원하기 위한 것이다. 《CEO, 영업에 길을 묻다》에서 서울대 김현철 교수는 일본의 자동차 제조업체인 도요타와 닛산을 비교해 영업의 중요성을 이렇게 강조했다.

오랫동안 도요타는 일본의 타 자동차 메이커들보다 뛰어난 영업력 덕분에 '영업의 도요타'로 불렸다. 그런 평가는 지속되어 지난 2007년 소비자 조사에 따르면 판매원의 대응과 애프터서비스를 포함한 고객 서비스에서 닛산(25.2%)과 혼다(16.1%)를 제치고 압도적인 우위(49.1%)를 차지했다. 반면, 라이벌 닛산은 '기술의 닛산'으로 불린다. 그러나 영업력이 약화되면서 1989년부터 국내 시장점유율이 계속 하락했고, 1999년 19.7%까지 떨어졌다. 이 때문에 닛산은 구조 개혁에서 영업력 강화를 주요 과제로 정했다.

영업력이 기업 사활에 얼마나 중요한지 보여주는 사례다. 그렇다면 도대체 영업의 역할이 무엇이기에 이토록 중요한 것일까?

첫째, 판매하는 것이다. 이미 말했듯이 판매는 기업의 가장 근본적인 활동이다. 아무리 좋은 물건을 만들어도 판매하지 못하면 기업은 수익을 낼 수 없고 존립할 수 없다. 기업이 제조한 물건을 필요한 고객에게 전달하고, 그 대가를 받는 모든 판매 행위가 세일즈다.

둘째, 새로운 고객을 만드는 것이다. 고객은 물건이 필요해 구매할 수도 있지만 아직 상품 기능이나 효능을 모를 수도 있다. 세일즈 맨은 이렇게 아직 상품의 기능이나 효능을 모르는 고객을 찾아가 상품의 유용성을 설명해 판매하기도 한다. 이것은 새로운 고객을 만드는 활동이다. 개척해 판매를 하거나 새로운 고객을 소개받는 것이 여기에 해당한다. 새로운 고객을 많이 확보한다는 것은 시장 점유율이 높아지고 수익이 증대된다는 의미이다.

셋째, 고객 니즈를 파악해 생산 부서에 알려준다. 기존에 없는 기능이나 존재하지 않은 상품이지만 고객 니즈가 있다면 그 정보를 내부에 알려 자사 상품에 새로운 기능을 추가하거나 신상품을 만들 수도 있다. 이런 일은 고객을 자주 접하는 세일즈맨이 쉽게 할 수 있다.

넷째, 판매 상품에 대한 고객의 반응을 파악해 알려준다. 고객이 상품에 만족하는지 여부는 기업의 생산활동에 매우 중요하다. 고객의 반응을 살펴 상품을 보완하거나 생산량을 조절할 수 있기 때문이다. 고객의 반응에 둔감하면 고객 니즈에 맞는 좋은 상품을 생산할 수가 없다.

다섯째, 경쟁 업체의 정보를 입수한다. 세일즈맨은 많은 고객과 접촉한다. 이때 경쟁 업체의 중요한 정보를 파악할 수 있다. 이런 정보는 회사가 생산량을 조절하거나 신상품을 만들 때 참고가 된다.

이와 같이 세일즈는 인간의 중요한 활동임에도 불구하고 그동안 제대로 평가를 받지 못했다. 세일즈를 할 것 없으면 마지못해 하는 일, 아무나 언제든 할 수 있는 일로 생각한다. 물론 진입 장벽이 낮아 아무나 할 수는 있지만 누구나 성공할 수 있는 것은 아니다.

2. 세일즈맨의 역할

세일즈에서 '고객에게 집중하라'는 말처럼 당연한 말도 없을 것이다. 그러나 실천하는 사람은 그리 많지 않다. 고객에게 집중해 충성고객을 만들어 장기적인 관계를 맺는다면 얻을 수 있는 이익이 한두 가지가 아니다. 재구매는 물론이고 영업에 필요한 조언을 아끼지 않을 뿐만 아니라 가망고객을 소개해주기도 한다. 이런 고객은 다른 세일즈맨이 가격 할인 등으로 유혹해도 거들떠보지 않는다.

최고의 세일즈맨은 단순히 제품의 공급자 역할을 넘어 고객의 비즈니스 목표와 문제를 잘 이해해 더 깊은 관계를 만든다. 그러기 위해서는 고객 니즈에 대해 깊이 있는 지식을 가져야 하며, 그런 니즈가 시간의 흐름에 따라 어떻게 변하는지도 파악해야 한다. 또한 고객이 겪는 압박과 전략적인 의사 결정자 역할에 대해서도 인식해야 한다.

그러나 세일즈맨에게 너무나 당연한 이런 태도를 계약에 대한 압박을 받을 때는 잊어버리기 쉽다. 지금도 '강매하는' 세일즈맨이 많아서 수많은 잠재고객들을 실망시키고 있다. 그러나 최고의 세일즈맨들은 고객에게 집중하는 세일즈 원칙을 여전히 버리지 않고 있다. 그들이 하는 일은 다음과 같다.

첫째, 고객의 문제를 해결해준다. 세일즈맨은 고객 비즈니스와 시장에 대한 철저한 지식, 고객의 경쟁 상황에 대한 예리한 통찰, 고객이 시장점유율을 확보하기 위해 필요한 것을 정확히 판단해야 한다. 여기서 핵심은 고객의 비즈니스 난제를 통찰하는 능력이다. 당신은 고객에게 가치 있는 안내와 조언을 할 때 비로소 판매자와 공급자라는 기존 역할을 넘어 새롭고 더 밀접하며 잠재적으로 이익이 큰 관계를 시작할 수 있다. 오늘날처럼 경쟁이 치열한 상황에서 고객 비즈니스 문제에 대해 올바른 해법을 제시하는 능력은 충성고객을 확보하는 데 매우 중요하다.

B2C에서 세일즈맨은 고객 개인의 문제나 욕구를 해결하는 역할을 한다. 고객은 구매활동을 하며 자신의 문제가 해결되길 원한다. 보험 상품을 구매하며 위험을 보장받고, 건강기능식품을 구매하며 자신의 건강을 보호하고 싶어 한다. 따라서 세일즈맨은 고객의 현재 상황과 문제점과 욕구를 정확히 파악해야 한다. 그래야만 고객의 문제에 대한 진정한 해결사가 될 수 있다.

둘째, 장기간 고객의 협력자가 된다. 30초 전화 한 통이든 장기간에 걸친 관계든 고객과 인간적인 연대감을 어떻게 만들고, 그것을 보여줄 기회를 어떻게 찾을지 잘 알아야 한다. 장기적인 협력자는 당장 판매가 없더라도 고객과 밀접한 관계를 유지한다. 고객의 문제를 해결하기 위해 고객과 효과적으로 일하고 고객의 비즈니스가 성장하도록 도와준다.

또한 그들은 고객의 고객에게 집중하고 그들에게 더 큰 만족을 주기 위해 무엇을 할 수 있는지 고민한다. 고객에게 친절히 대한다고 전부가 아니다. 고객이 동료나 상사에게 훌륭하다는 칭찬을 듣고, 고객이 고객의 고객에게 훌륭한 사람이라는 평판을 얻도록 최선을 다해야 한다.

고객이 세일즈맨을 험담할 때 흔히 듣는 말이 "팔 때는 간 쓸개 다 내줄 것 같더니 팔고나니 코빼기 보기도 힘들다."는 것이다. 이해는 간다. 세일즈맨은 항상 판매 압박을 받으므로 새로운 고객을 찾아야 한다. 따라서 이미 구매한 고객을 이전처럼 찾아가기란 사실 쉽지 않다. 많은 세일즈맨들이 고객 관리에 실패하는 이유 중 하나다. 그러나 진정한 판매왕들은 기존 고객에게서 새로운 고객을 만들어낸다. 소개와 추천이 바로 그것이다. 오랜 기간 고객의 문제 해결을 위한 협력자 역할을 했다면 고객은 그 사실을 잊지 않을 것이다.

셋째, 거래의 모든 것을 계획·관리한다. 오늘날 고객은 경쟁 압박이 심하고, 선별한 소수 판매자와 장기적인 관계를 유지하는 경향이 있다. 이런 사실을 생각한다면 이 역할을 효과적으로 수행하는 능력이야말로 세일즈맨의 성패를 좌우할 것이다. 최고의 세일즈맨은 이익이 더 큰 거래를 성사시키기 위해 시간을 투자하고, 지지부진하거나 끊어진 거래를 되살린다는 명성을 쌓으며, 새로운 거래를 트는 데 탁월하다. B2C 세일즈맨에게 이러한 역할은 자기관리와 밀접한 관련을 가진다. 시간 계획을 세워 효율적으로 영업하지 않으면 정작 몸만 바쁘고 높은 성과는 올릴 수 없다.

넷째, 어떤 경우에도 낙관론자가 된다. 경쟁이 치열해지고 상황이 어려워질수록 세일즈맨은 앞으로 나아가야 한다. 낙관적인 자세를 유지한다는 것은 긍정적인 분위기를 만들어 거래가 세일즈맨과 고객 모두에게 즐겁고 빈번한 행위가 되도록 하는 것이다. 최고의 세일즈맨은 절대로 포기하지 않고 끈질기게 앞으로 나아가며 타인들도 동참하도록 만드는 능력을 지녔다. 또한 그들은 자신의 일을 사랑하고 그 감정을 적극적으로 표현한다.

고객은 세일즈맨이 자신의 일에 만족하고 자신감이 있다는 사실을 피부로 느낀다. 열정은 때로는 경험 부족을 메워준다. 최고의 세일즈맨은 성취 가능하면서도 신축적인 목표를 정해놓고 할당량을 초과하도록 자신에게 끝없이 동기부여를 한다.

다섯째, 고객 지원에 필요한 모든 정보, 자원, 행위를 조정한다. 고객 니즈를 효과적으로 충족시키기 위해 당신은 회사가 보유한 모든 자원을 총동원해야 한다. 거기에는 생산, 유통, 서비스 등의 문제를 해결하기 위해 동료에게 도움을 청하거나 세일즈 팀을 대표해 고객과 교류하는 것 등이 포함될 수 있다. 세일즈맨은 모든 부문이 동시에 작동하도록 노력한다는 점에서 오케스트라의 지휘자와 같다. 오케스트라 연주에서 타악기, 목관악기, 현악기, 금관악기들은 자기들끼리만 연주하는 법이 절대 없다.

세일즈의 세계도 마찬가지다. 세일즈 조직과 고객사 조직의 모든 구서원과 구성요소가 동시에 작동해야 한다. 최고의 세일즈맨은 해당 거래와 해당 판매업체의 이해관계자들을 어떻게 조정해야 하는지 잘 알고 있다. 거기에는 유통의 모든 부분을 조정하고 해당 단계의 전 과정이 어떻게 진행되고 있는지 고객에게 알려주는 것도 포함된다.

당신이 세일즈맨이라는 자신의 역할에 충실하려면 몇 가지 기초적인 준비가 필요하다. 먼저 비즈니스 전문성을 확보해야 한다. 고객사, 취급하는 상품의 업계 전반 및 일반적인 시장에 대해 광범위한 지식을 갖추어야 한다. 둘째, 고객의 눈에 자주 띄어야 한다. 빈번히 정기적으로 고객과 접촉하면 관계가 튼튼해진다. 구매, 재주문, 계약 이행 후 전화를 걸어 진행 상황을 확인하라.

그리고 한 달에 한 번 또는 두 달에 한 번 회의를 열어 현재의 이슈나 문제를 검토하라. 업계 콘퍼런스에서 당신이 주최하는 비즈니스 강의나 프레젠테이션에 고객을 초청하라. 고객이 보지 못했을지도 모를 신문기사를 이메일로 보내라. 고객이 무엇을 하든 관심이 있다는 점을 알리고 고객과의 관계를 소중히 생각하고 있다는 사실을 보여주어야 한다.

마지막으로 관계 격차를 없애야 한다. 세일즈맨의 관심 수준은 세일즈 전과 세일즈하는 동안 가장 높고 세일즈가 끝나는 순간부터 급감한다. 그러나 고객의 관심 수준은 정반대다. 고객은 세일즈 후반부에 가서야 비로소 성공적인 계약 이행 여부를 우려하고 얼마나 효과가 있을지 고민하며 절정에 이른다. 고객의 장기적인 협력자가 되려면 이런 관계 격차를 없애야 한다. 당신이 장기간에 걸쳐 헌신하고 있다는 것을 보여주고 해당 세일즈 과정의 모든 단계에서 고객에게 끊임없이 서비스와 지원을 보내고 있다는 점을 각인시켜야 한다.

하지만 가장 중요한 것은 신뢰다. 한 번 내뱉은 말은 반드시 지켜야 한다. 긍정적인 태도를 보여주는 한 가지 방법은 약속을 초과해 지키는 것이다. "덜 약속하고 더 해주어라."라는 경구는 동서고금의 진리이다. 약속은 반드시 지키고 납품 일정과 질적 요건을 일관되게 충족시키고 고객의 긴급한 니즈를 충족하도록 노력하라. 위기의 순간에 해야 하는 것보다 더 많이 해주면 고객과 오랫동안 좋은 관계를 유지할 수 있다.

2장

성공한 세일즈맨의 태도

1

너무 빠르게
바뀌는 세상

우리는 급변하는 환경 속에서 살고 있다. 세계는 글로벌화로 하나의 국가처럼 되어가고 있다. 2008년 미국발 금융위기, 2010년 유럽 경제위기, 양적완화 등과 같은 글로벌 환경 변화에 우리는 모두 자유롭지 않다. 한편 대내적으로는 1997년 외환위기 이후 저성장 기조에 따른 기업의 상시 구조조정과 '평생 직장' 개념의 소멸, 인구 고령화와 소득 양극화 등 사회 전반의 구조적 변화로 심각한 성장통을 앓고 있다.

그뿐만이 아니다. 모바일 혁명과 함께 찾아온 스마트 시대는 시·공간의 통상적 개념을 송두리째 바꾸어 놓았다. 현대인들은 출퇴근 시간과 업무 공간에 관계없이 24시간 언제 어디서든 일하고 소통하고 학습하고 여가를 즐긴다. 이처럼 스마트 시대에는 공사公私의 경계가 허물어지면서 자기 혁신의 중요성이 더욱 커지고 있다.

모든 것이 급변하는 오늘날에는 현재의 변화를 즐기면서 슬기롭게 대처해야 생존할 수 있다. 그리고 변화를 주도하기 위해서는 글로벌 패러다임의 변화가 우리 삶에 미치는 영향을 거시적 입장에서 파악해야 한다.

우리나라는 인류 역사에서 유래를 찾아볼 수 없을 정도로 빠른 인구 고령화를 겪고 있다. 통계청 조사에 따르면, 2000년 우리나라의 고령 인구 비중은 7.2%로 고령화 사회로 접어들었으며, 2010년에 11%, 2019년이면 14%를 넘어 고령 사회로 진입할 전망이다. 고령화 사회에서 고령 사회로 이행하는 데 19년, 고령 사회에서 6~7년 후면 고령 인구 비중이 20%가 넘는 초고령 사회로 접어들 전망이다.

그리고 우리나라는 경제 발전에 따라 사회 전반적으로는 풍요를 누리게 되었지만, 고소득층과 저소득층 간의 소득 격차는 크게 벌어지고 있다. 소득양극화로 많은 사람들이 '상대적 빈곤감'이라는 정신적 스트레스를 받고 있다. 일반적으로 상대적 빈곤감은 선진사회에 접어들면서 겪는 심각한 사회병리 현상이다. 이를 해결하려면 고소득층과 저소득층 간의 격차를 줄여야 하지만, 정작 우리나라는 경제협력개발기구OECD 회원국 중 빈부 격차가 가장 큰 나라 중 하나다. 지난 1998년 IMF 경제위기 이후 중산층이 붕괴되어 많은 사람이 빈곤층으로 전락했기 때문이다. 경제의 버팀목이던 중산층이 급감하고, 중산층과 상류층의 격차도 더 벌어졌다. 그런데 직업을 갖고 일할 수 있는 경제수명은 오히려 50세를 넘지 못할 만큼 줄고 있다. 특별한 준비 없이 인생 2막을 넘어 인생 3막까지 살아야 하는 것이다.

IMF 경제위기 이전까지만 해도 우리나라는 지속적인 경제 성장에 힘입어 기업들이 조직 구성원을 장기 고용해 '평생 직장'이라는 인식이 주류를 이루었다. 그러나 IMF 경제위기 이후 노동시장과 자본시장 유연화 추세는 '사오정', '오륙도'라는 신조어를 유행시키며 조기 정년, 청년 실업, 비정규직 증가, 불안정한 고용 구조 등을 야기했다.

이로 인해 평생 직장 개념은 퇴조하고 '어느 직장에 다니느냐'보다 '어느 직업에 종사하느냐'가 더 중요한 평생 직업 시대로 접어들었다. 사회 구조의 변화로 업무 현장에서 실제 담당하는 작업이나 '일Work'의 의미가 더욱 중시되기 시작한 것이다. 평생 직업을 갖기 위해선 언제든지 바뀔 수 있는 '회사'의 능력이 아니라 누구도 대신할 수 없는 '자신'의 능력밖에 믿을 게 없다. 따라서 평생 직업 시대에는 적성과 능력에 부합하면서도 미래를 보장할 수 있는 직업 선택이 무엇보다 필요하다. 이는 '평생 직업' 사회로 변화하는 과정에서 필연적 선택이다.

이런 아픈 변화는 우리 경제가 선진화되고 사회가 고령화될수록 더욱 확산될 것이다. 나아가 다가올 고령 시대에는 평생 4~6회가량 직업을 전환해야 할 것이다. 다시 말해 '평생 직업'을 넘어 어느 연령대에서든 자신이 할 수 있는 일을 가지기 위해 준비해야 할 것이다. 혹독한 경쟁 속에서 변화에 유연하게 대처해야 살아남는 기업들의 운명처럼, 개인도 직업에 유연해야 한다. 따라서 이제는 좋은 직장을 가지려는 노력을 넘어 평생을 할 수 있는 전문적인 직무 능력을 개발해야 한다. 철저한 준비로 전문가가 되려는 노력이 있어야만 평생 직업인이 될 수 있는 것이다.

세일즈도 마찬가지다. 변화하지 않고 전문가가 되려는 자세 없이 옛날 방식만 답습한다면 퇴보할 수밖에 없다. 세일즈맨은 회사에 직접 돈을 벌어다주는 인재다. 대리와 부장의 생산성이 같다면 회사는 누구를 내보내겠는가? 당연히 월급을 많이 받는 부장이다. 직급이 올라갈수록 고성과를 낼 방법을 찾아야 한다. 옛날 방식만 고수해서는 급변하는 시대에 절대 좋은 성과를 낼 수 없다.

어떻게 좋아하는 일을 하며
살 수 있을까

평생 현역으로 일하려면 자신이 좋아하는 일을 해야 한다. 그러나 현실은 그렇지 않다. 극소수만 자신이 좋아하는 일을 하며 살아간다. 그 이유가 뭘까?

전체 노동 인구의 절반 이상을 차지하는 직장인을 현재 하는 일에 대한 인식에 따라 분류해보면 '현재의 직업을 천직으로 생각하는 사람', '현재의 직업을 생계 수단으로만 여기며 만족감 없이 근근이 버티며 사는 사람', '현재 하고 있는 일이 싫어 기회만 오면 언제든 사표 쓰고 미련 없이 직장을 떠나겠다는 사람'으로 나눌 수 있다. 현재 하는 일을 좋아하고 천직으로 여겨 자신의 모든 역량을 쏟으며 열정적으로 살아가는 직장인은 전체의 약 10%에 불과하다.

천직까진 아니지만 자신의 직업에 나름대로 만족하며 열심히 살아가는 사람을 포함해도 20%에 불과하다. 자신의 가치관이나 성향과 무관하게 사회적 통념에 따라 직업을 선택하는 관례적 행동이 그 원인이라 할 수 있다. 따라서 자신이 어떤 가치관이나 성향을 가졌는지 확실히 알고 무슨 일을 할 때 행복감을 느끼는지 깨닫는다면 좋아하는 일을 더 쉽게 찾을 수 있을 것이다.

기본적으로 자신이 누구인지 아는 것은 삶의 출발점이 된다. 성격은 직업 선택에 큰 영향을 미친다. 따라서 MBTI나 에니어그램과 같은 성격 검사나 정부 관련 기관에서 제공하는 다양한 직업심리 검사로 자신의 성격을 파악하고, 그에 부합하는 직업을 찾기 위해 노력해야 한다.

그리고 직장에서 하고 있는 업무로 자신을 다시 한 번 발견하는 것도 좋다. 직장인은 역량과 태도 두 가지로 평가받는다. '역량'에는 리더십, 코칭 역량, 기획력, 창의력, 소통력 등이 포함되며, '태도'에는 책임감, 적극성, 긍정성, 개방성 등이 포함된다. 직장생활과 마찬가지로 자신이 필요한 역량과 태도를 얼마나 갖추고 있는지, 향후 역량을 어떻게 키우고 좋은 태도를 갖기 위해 얼마나 노력할 것인지 알 수 있다면 미래를 준비하는 데 큰 도움이 될 것이다. 자신의 참모습은 자신의 장·단점, 좋아하는 것, 싫어하는 것, 하고 있는 일 등으로 표현할 수 있다. 그것들을 구체화할수록 자신이 좋아하는 일에 조금씩 다가갈 수 있을 것이다.

자신과 어울리고 잘할 수 있는 일을 '천직天職'이라고 한다. 이때 '직職'이란 '신神의 부름을 받았다'라는 의미이다. 여기에는 현재 하고 있는 일이 자신의 희망만으로 된 것이 아니라 하늘의 부름을 받아 하기로 예정된 것이라는 의미가 내포되어 있다. 모든 사람은 사명이 있다. 성공한 사람은 자신의 사명을 깨닫고 실천하는 반면, 실패한 사람은 자신의 사명을 깨닫지 못해 실천이 부족하기 때문이다.

'소명召命'을 인식한 삶이란 단순히 '무엇'을 해야 하는지 아는 것이 아니라 그것을 '왜' 해야 하는지 깨달은 삶이다. 자신이 선택한 직업인데도 만족하지 못하고 무력감에 빠질 때 당신은 자신의 소명을 다시 점검해 현재 하고 있는 일의 참된 의미와 진정한 가치를 깨닫기 위해 노력해야 한다. 그래야 당신이 잘할 수 있는 일을 찾아가는 과정에서 행복해질 수 있다. 그런 행복감은 자신감을 주며 그럴 때 당신은 자신이 좋아하는 일을 찾는 출발선에 서게 된다.

우리는 좋아하는 일을 할 때 직장에서도 인정받고 개인적으로도 행복하다. 성공적인 삶이란 생각만 해도 가슴이 뛰는 그런 일을 하는 삶으로 정의할 수 있다. 미래의 성공적인 삶을 위해서는 현재 하고 있는 일이 천직으로 느껴져야 한다. 그것을 하늘의 소명으로 받아들여 전력을 다한다면 업무 수행 역량은 크게 높아질 것이다. 그리고 '일을 잘한다'라는 주변 평판을 얻게 되면 현재 하고 있는 일에 대한 열정이 더욱 솟구쳐 일을 즐기게 될 것이다.

그렇다면 지금 하는 일이 가슴 뛰는 일이 아니라면 과감히 그만두어야 할까? 현재는 별로 좋아하지 않더라도 견뎌낼 힘이 있다면 좋아하도록 노력하는 마음가짐이 필요하다. 기존의 것을 무조건 버리고 새로운 곳으로 옮긴다고 성공하리라는 보장은 없다. 다른 일을 찾아도 만족스런 일을 찾기는 쉽지 않다. 그럴 때는 초심初心으로 돌아가 그 일을 선택할 당시의 마음과 얻으려고 했던 목표를 되새겨봐야 한다.

그렇다면 현재 하고 있는 일을 파고들어 만족감을 높이고 능력을 더욱 발휘하려면 어떡해야 할까? 먼저 일에 대한 마음가짐을 바꾸어야 한다. 월급쟁이의 마음가짐을 버리고 사업가 태도로 바꿔야 한다. 그다음에는 현재 하는 일을 세부적으로 분석해 자신의 강점을 찾아내고, 거기에 집중 투자해 차별적인 가치로 만들어내야 한다.

자신의 일에 능숙하려면 누구나 힘든 훈련 시간을 참고 견뎌야 한다. 현재 하고 있는 일을 정말 싫어하지만 않는다면 탁월한 수준까지 도달하기 위해 혼신의 힘을 다해보라. 마음먹기에 따라 새로운 일보다 현재 하는 일에서 성공할 확률이 더 높을 수 있다. 단순히 자리를 옮기지 말고 발을 딛고 있는 그 자리에서 지금 다시 새롭게 시작해보자.

3

명확한
삶의 목표를 정하라

자동차 영업직으로 근무하는 K과장은 입사한 지 10여 년이 되었다. 신입 때는 누구보다 열심히 일했지만 연차가 거듭될수록 열정이 식어갔다. 더욱이 판매 실적과 무관하게 기본급이 나와 식은 열정은 쉽게 회복되지 않았다. 출근은 하지만 항상 발걸음은 무겁고 얼굴은 웃을 여유조차 없었다.

그는 결혼 10년차로 큰 아이는 7살, 둘째는 3살이었다. 어릴 때 어렵게 자라 아이들 교육에 관심이 많고, 아이들과 많은 시간을 보내려고 애쓰는 아빠였다. 어느 날 출근할 때 자고 있는 아이의 볼에 뽀뽀하려는데 문득 이런 생각이 들었다.

"이 아이에게 멋진 아빠가 되어야 할 텐데, 내가 이렇게 살면 안 되지… 정신 차려야지."

멍하니 출근해 정신을 차리고 보니 흐리멍덩한 목표와 시간관리에 한심한 생각이 들었다. 그날은 판매활동을 나가지 않고 "어떻게 하면 아이가 자랑스럽게 생각할까?"를 고민하며 목표를 세웠다. 회사에는 전년 판매 실적 기준으로 이듬해 2월 판매왕 시상식이 있다. 바로 그 무대에 서 있는 자신을 그리고, 웃으며 기뻐하는 아이들을 생각했다. 목표는 바로 그것이었다.

그날부터 그는 판매 목표를 잡고 고객들을 챙기기 시작했다. 밤낮없이 고객을 만나러 다녔다. 신뢰감 있는 모습을 보여주기 위해 살도 뺐다. 대규모 업체 발굴도 게을리하지 않았다. 점점 실적이 올라가기 시작했다. 당해 연도에는 판매왕이 되지 못했지만 '판매 성장률 우수 세일즈맨'으로 선정되었고, 이듬해에는 당당히 판매왕이 되었다. 아내와 함께 두 아이를 데리고 시상식이 열리는 호텔로 가는데 세상에 더 부러울 게 없었다. 시상식을 마친 후, 그는 가족과 회사에서 제공한 숙박시설을 즐기며 행복한 시간을 보낼 수 있었다.

'당신은 삶의 목표가 있는가?'

이 질문을 받으면 많은 사람들이 '있다'고 답한다. 그런데 그들이 말하는 목표를 귀 기울여 들어보면 목표가 아니라 '꿈'일 때가 많다. 꿈과 목표는 다르다. 꿈은 단지 이루면 좋겠다는 바람인 반면, 목표는 달성해야 할 시간 개념 등을 포함해 가시적이다.

'언젠가 부자가 되고 싶다!'는 것과 '3년 내에 ○○동에 있는 32평 아파트와 현금 10억 원의 부자가 되겠다!'는 것은 내용부터 완전히 다르다. 구체적이지 않으면 목표가 아니다. 막연한 꿈은 구체화할 수 없기 때문에 실행 계획을 세우기가 어렵다. 설사 계획을 세웠더라도 차근차근 실천하기 어려워 얼마 가지 않아 흐지부지되고 만다.

목표가 있는 삶과 목표가 없는 삶은 엄청나게 다르다. 만약 당신이 휴가를 내서 여행을 떠나고 싶다면 맨 먼저 어디로 갈지 정해야 한다. 해외로 갈 것인지 국내로 갈 것인지, 국내라면 제주도로 갈 것인지 부산을 갈 것인지 명확히 해야 한다. 부산으로 정했다면 어떻게 갈 것인지 정해야 한다. 비행기를 타고 갈 것인지 기차를 타고 갈 것인지, 기차라면 KTX인지 새마을호인지 정해야 한다. 그다음으로 여행지에서 무엇을 할 것인지, 숙박은 어디서 묵을지 등을 결정하고 교통비, 숙박비 등 여행비용까지 세부 계획을 세워야 한다. 그래야 정해진 기간에 즐겁게 그리고 무사히 여행을 다녀올 수 있다. 아무 계획도 없이 떠난다면 보나마나 아무 의미도 없고 고생스런 여행이 될 수밖에 없다.

짧은 기간 여행을 떠날 때도 이처럼 목표를 정하고 계획을 세우는 것이 중요한데 하물며 긴 인생은 어떻겠는가? 고생하지 않고 행복하게 살려면 인생 목표를 명확히 해야 한다. 물론 정한대로만 갈 수 있는 것은 아니지만, 목표를 정하고 가는 사람이 정하지 않고 무작정 가는 사람보다 성공 확률이 높은 것은 분명하다.

만약 인간 내면에 성취 욕구가 없었다면 인류가 이만큼 발전할 수 있었을까? 인류 역사는 사실 성취의 역사다. 성취 욕구가 많은 사람들에 의해 발전해왔다고 해도 과언이 아니다. 현재보다 더 나은 미래, 현재보다 더 많은 것, 현재보다 더 우수한 것을 얻으려는 욕망이 곧 성취 욕구다. 인류는 끊임없이 '더 나은 단계'를 추구해왔다. 석기, 청동기, 철기시대로 이어지는 역사만 보더라도 더 강한 것을 추구해왔음을 알 수 있다. 그렇다고 지구 위에 사는 모든 사람이 성취 욕구가 강한 것은 아니다.

내면에 성취 욕구가 얼마나 있느냐가 적극적인 성격과 소극적인 성격을 구분한다. 또한 이것은 부자와 가난한 자, 지배자와 피지배자, 영향력 있는 사람과 영향력 없는 사람으로 나누는 잣대가 되기도 한다. 뭔가 이루려는 사람과 그렇지 않은 사람은 분명히 다르다. 성취 욕구는 학력, 배경, 출신을 극복하는 우리 안의 에너지 공급원이다.

욕구와 동기이론을 연구한 심리학자 머레이Murray는 성취 욕구가 높은 사람과 낮은 사람을 비교하고 연구해 특정 과제가 주어졌을 때 서로 태도가 다른 것을 발견했다. 성취 욕구가 낮은 사람은 매우 쉽거나 매우 어려운 과제를 좋아했다. 그들이 쉬운 것을 좋아하는 이유는 스트레스를 덜 받고 과제를 쉽게 처리할 수 있기 때문이었다. 매우 어려운 과제를 선택하는 이유는 실패하더라도 자신의 잘못이 아니라 과제 난이도에 문제가 있다고 핑계를 댈 수 있기 때문이었다. 반면, 성취 욕구가 높은 사람은 중간 난이도의 과제를 선호했다. 그들은 자신의 능력과 상황을 현실적으로 판단해 약간 어려운 과제에 도전해 성취하려는 경향이 있기 때문이었다.

또한 한 심리학자가 대학 재학생들의 성취 욕구를 평가한 후 14년 동안 기다려 그들의 직업을 조사한 결과, 높은 성취 욕구를 가진 학생들이 졸업 후 사업가가 될 확률이 높았다고 한다. 기업 경영은 도전거리가 많고 실패와 성공이 롤러코스터처럼 변화무쌍해 최고의 성취감을 안겨주기 때문이었다.

영업도 성취 욕구를 자극하기에 충분하다. 매일 매주 매달 적당한 목표가 있고 변화무쌍한 정도가 기업 경영과 크게 다를 바 없다. 굳이 심리학자들의 연구를 들먹일 필요가 없다. 주변 사람들을 조금만 살펴보면 성취 욕구가 높은 사람들은 적극적이고 긍정적이라는 것을 알 수 있다. 그들은 모험을 즐기고 도전을 두려워하지 않고 어려운 일에도 희망과 기대감으로 달려든다. 반면, 성취 욕구가 낮은 사람들은 새로운 일이나 어려운 일에 부딪치면 불안감, 공포감, 방어 심리에 휩싸여 도망가거나 새로운 일은 시도조차 하지 않으려 한다.

당신은 어떤가? 성취 욕구가 있는가? 스스로 성취감을 느끼도록 동기부여하고 있는가? 당신이 무기력 상태라면 어떻게 다시 도전에 불타게 할 수 있는가? 자신감을 갖고 새로 도전할 정신력을 어떻게 만들어낼 수 있는가?

여러 방법 중 하나는 새로운 목표를 가지는 것이다. 자신의 현재 모습과 자신이 바라는 모습이 일치하지 않으면 사람들은 자신이 바라는 모습대로 되려는 동기가 발생한다. 어떤 학생이 명문대에 들어가고 싶은데 현재 실력으로 입학이 어렵다면 더 열심히 공부하려는 동기가 생길 것이다. 그리고 현재 살고 있는 집이 마음에 들지 않는 사람은 더 좋은 집을 사기 위해 노력할 것이다. 그것을 심리학자들은 '불일치'라고 부른다.

불일치는 현재의 자신과 희망하는 자신 사이의 차이다. 불일치는 불일치 감소와 불일치 창조 두 종류가 있다. 불일치 감소가 동기를 만들어내는 방식은 이렇다. 어떤 학생이 평균 90점을 목표로 공부했는데 평균 85점을 맞았다면, 현재 점수와 희망 점수 사이에 5점이라는 불일치가 생긴다. 그는 그 불일치를 좁히기 위해 더 노력하려는 동기가 생길 것이다. 당신이 한 달에 5대 판매를 목표로 했는데 3대만 팔았다면, 2대의 불일치가 발생한 것이다. 그것은 다음 달에 불일치를 줄이기 위한 동기부여가 된다.

불일치 창조는 다음과 같은 방식으로 이루어진다. 시골학교에서 전교 1등 학생이 동기부여가 되지 않는 것은 더 이상 성취할 목표가 없기 때문이다. 그를 서울이나 대도시 학교로 전학시켜 경쟁자를 만들어 준다. 그러면 자신보다 실력 있는 학생들이 모인 데서는 더 이상 전교 1등을 못할 수도 있다. 그에게 새로운 불일치가 생기는 것, 즉 불일치를 창조하는 것이다. 이처럼 불일치 창조는 불일치를 새로 만들어 동기부여를 하는 것이다. 평균 90점 목표를 달성했다면 다음번 시험에는 평균 95점으로 목표를 올리는 것이나 자동차 영업 사원이 월 5대 판매 목표를 달성했다면 다음 달에는 목표를 7대로 늘리는 것 모두 불일치 창조로 현재 만족하는 사람에게 더 큰 목표를 던져 동기를 부여하는 것이다.

1. 목표는 정신력이다

　한유정은 할리우드 최초의 한국인 출신 미술 총감독이다. 목표에 대한 그녀의 열정과 도전은《꿈보다 먼저 뛰고 도전 앞에 당당하라》에 잘 나타나 있다. 그녀는 16살 때 무대 디자이너의 꿈을 안고 오직 그 꿈만 향해 달렸다. 그 후 그녀의 머릿속은 온통 무대 디자인으로 가득 찼다. 26살 때 그 꿈을 이루기 위해 안정된 직장을 버리고 미국 LA로 유학을 떠났다. 그리고 IMF 시절 3개 묶음에 1달러짜리 햄버거를 얼렸다 녹여 먹으며 고픈 배를 채웠고, 학비를 벌기 위해 닥치는 대로 아르바이트를 했다. 이를 악물고 하루 2시간만 자는 강행군이 이어졌고, 23시간 55분 동안 촬영 현장을 지켜도 단 5분만 비우면 물거품이 되는 냉정한 할리우드에서 반드시 살아남겠다는 각오로 입지를 다져나갔다.

　그녀는 하루하루 계획을 세우고 실행하고 힘든 여건과 싸우며 이겨나갔다. 밤늦게 귀가하면 샤워도 못한 채 침대에 쓰러졌다. 그리고 새벽이면 일어나 주섬주섬 옷을 입고 하루 일정을 확인했다. 그녀는 정신력과 체력의 한계를 뛰어넘어야 하는 힘겨운 싸움을 이렇게 견뎌냈다. 왜 그렇게 치열하게 산 것일까? 그녀는 이에 대해 "아무도 날

애송이라고 부를 수 없게 만들어야만 했으니까."라고 고백했다. 그녀의 이 고백은 꿈과 목표가 정신력을 얼마나 강하게 만들어주는지를 잘 보여준다.

2. 목표를 세우는 법

누구나 목표의 중요성을 알고 있다. 그리고 목표가 없는 사람은 거의 없을 것이다. 그런데도 사람들의 성패가 갈리는 것은 목표를 세우는 법이 다르기 때문이다. 실패한 사람들의 목표는 막연하고 모호하다. 목표라기보다 막연한 희망에 가깝다. 성공한 사람들의 목표는 구체적이고 명확하다. 그들이 목표를 세우는 법은 다음과 같다.

1) 적정한가?

적정한 도전은 성공 확률과 실패 확률이 반반이어야 한다. 적정한 도전은 실패해도 유익하다. '실패도 경험'이라는 말은 그래서 나왔을 것이다. 적정한 도전에서 실패했을 때 성취 욕구가 강한 사람은 실패 이유를 따져보고 다음번 시도에 반영한다. 역량이 부족하다고 생각되면 더 노력한다. 당신은 실패했을 때 자신에게 관대해야 한다. 특히 새로운 도전이라면 실패했을 때 더 긍정적으로 평가해야 한다. 적정한 도전으로 만들기 위해 목표를 쪼개 중간 목표를 만드는 작업도 중요하다. 그래야만 사다리를 오르듯 한 계단 한 계단 목표를 향해 나아갈 수 있다.

2) 구체적인가?

목표는 구체적이어야 한다. 예를 들어 '나는 음식점을 하겠다'보다 '나는 냉면전문점을 하겠다'가 더 구체적이다. 목표가 구체적이어야만 실행 계획을 짤 수 있다. 모호하고 막연한 목표는 실현 가능성이 낮다. 책을 읽는 학생을 대상으로 한 연구에서 목표가 불확실한 학생들은 방을 이리저리 훑어보며 집중력이 떨어진 반면, 목표가 구체적인 학생들은 더 많은 시간을 책 읽는 데 썼다. 중간고사를 앞둔 대학생을 대상으로 한 실험에서도 단순히 좋은 성적을 상상한 학생보다 좋은 성적을 얻기 위해서 구체적인 방법을 생각한 학생이 더 나은 성적을 받았다.

3) 측정할 수 있는가?

체중을 줄이려는 사람은 먼저 체중계를 준비해야 한다. 그래야만 매일매일 체중 감량 여부를 측정할 수 있다. 열심히 운동하고 식사량도 줄이며 체지방을 빼고 있지만 그 과정을 눈으로 확인할 수 없다면 잘되고 있는지 아닌지 알 수 없을 것이다. 성과를 측정할 수 있어야 목표를 달성하기가 쉽다. 세일즈맨들은 목표 달성을 수치로 측정할 수 있는 유리한 직업이다. 매일, 매주, 매달 목표를 달성하기 위해 노력한다면 강한 정신력을 기를 수 있다.

4) 현실성이 있는가?

지나치게 높은 목표나 상식적으로 불가능한 목표들이 있다. 예를 들어 올해 40살인 가정주부가 '앞으로 5년 동안 열심히 연습해 김연아와 같은 피겨스케이트 선수가 될 거야!'라는 목표를 세웠다면 현실성 없는 목표다. 차라리 '열심히 스케이트를 타 5kg을 빼야지!'가 현실적인 목표다. 목표에 현실성이 있어야 동기부여가 된다. 어차피 달성하지도 못할 목표에 최선을 다할 사람은 아무도 없다.

5) 언제 달성할 것인가?

기한을 정하지 않은 목표는 목표라고 할 수 없다. '언젠가는 사업을 할 거야!'라는 막연한 목표는 실행력을 떨어드린다. 구체적인 목표라면 '5년 후 한정식 식당을 할 거야!'처럼 기한이 있어야 훨씬 강한 동기가 생긴다. 세일즈맨은 업무 특성상 주 단위나 월 단위 목표가 있을 것이다. 그것을 반드시 달성하고 넘어가려는 의지가 중요하다.

6) 누구의 목표인가? 누가 만든 목표인가?

위의 5가지 요소를 충족했더라도 자신의 목표로 받아들이느냐가 중요하다. 아무리 훌륭한 목표라도 스스로 받아들이지 않으면 필요 없지 않은가? 주어진 목표를 받아들이려면 스스로 목표를 세워야 한다. 남이 정해주는 목표는 별로 동기부여가 되지 않는다.

확고한 목표는 강한 정신력을 준다. 당신이 알고 있는 성공한 사람들을 보라. 목표가 없는 사람이 있던가? 모든 위인들은 목표를 가지고 살았다. 보험사, 자동차 회사, 화장품 회사, 건강기능식품 회사 등에서 세일즈로 성공한 사람들의 이야기를 들어보라. 그들 모두 확고한 목표를 세우고 차곡차곡 그 목표를 실행했다.

시간에 지배당하지 말고
시간을 지배하라

많은 사람들은 목표를 성취하기 위해 하루하루를 눈코 뜰 새 없이 바쁘게 살아간다. 그런데도 성공은 항상 저 멀리에 있다. 지금까지 정말 열심히 살아왔는데도 뭔가 부족하고 성공하지 못했다면 분명히 잃어버린 시간이 있는 것이다. 그것도 생각보다 훨씬 많이. 그렇다면 어떻게 잃어버린 시간을 찾아내 목표를 향해 더 힘차게 정진할 수 있을까?

먼저 소중한 새벽 시간을 잡아라. 바쁜 생활에서 자신이 하고 싶은 일을 1년 365일 꾸준히 할 수 있는 방법은 무엇일까? 답은 하나다. 남들이 잠든 고요한 새벽 시간을 활용하는 것이다. 새벽 1시간의 가치는 오후 3시간 이상의 가치가 있다. 1시간을 집중적으로 사용함으로써 2~3시간 이상의 효과를 얻는다면 그것만큼 고수익을 올리는 투자가 어디 있겠는가? 이 방법은 시간관리에서 최고의 투자다.

새벽은 신비한 마법이 흐르는 시간이다. 새벽에는 공부를 하든 책을 읽든 운동을 하든 작업을 기획하든 무슨 일을 하더라도 특별한 에너지를 얻어 환희에 찬 행복감을 맛볼 수 있다. 성공한 사람들은 이 마법의 시간을 절대 놓치지 않았다. 성공 가능성을 배가시키는 이 마법의 시간을 잠으로 때운다면 정말 안타까운 일이다. 당신이 진정으로 성공을 꿈꾼다면 밤이 주는 달콤함을 포기하고 일찍 잠자리에 들고 남들보다 하루를 일찍 시작해보라. 기상 시간을 갑자기 당기면 하루가 힘들 수 있으므로 한 달에 10분씩만 당겨보라. 1년이면 2시간이나 일찍 일어날 수 있다. 인생이 바뀔 것이다.

자투리 시간도 적극 활용하라. 우리는 너무 자주, 무의식적으로 시간을 죽이며 살고 있다. 막히는 도로 위에 쓸데없이 시간을 뿌리고, 출퇴근 시간에 대중교통을 타고 멍하니 시간을 죽이는 사람이 너무 많다. 점심 식사 후 남는 시간도 잡담으로 때우며 자투리 시간을 너무 헛되게 써버린다. 하루 중 자투리 시간만 모아보면 얼마나 될까? 사람마다 편차가 있겠지만 적어도 2~3시간, 평균 6~7시간이 된다고 한다. 놀랍지 않은가? 대수롭지 않게 여긴 5분, 10분이 이렇다니 정말 대단하지 않은가? 멍하니 이 시간을 죽이고 있었기 때문에 결국 시간에 떠밀려 바쁜 사람이 될 수밖에 없었다고 반성해야 한다.

우리는 경쟁력을 키우는 일이라고 생각하고 자투리 시간을 살리기 위해 노력해야 한다. 자투리 시간이 생길 때마다 인맥 관리와 자기 계발을 위해 문자나 이메일 보내기, 경제신문 보기, 점심 식사 후 가볍게 걷기, 간단한 묵상, 단전호흡, 독서, 운전 중 명사들의 강의 청취, 스트레칭 체조, 전문 분야 정보 스크랩, 짧은 글쓰기, 영어단어 암기, 회화 듣기 등을 꾸준히 해보는 것이다. 그럼 아무 생각 없이 잃어버린 시간을 중요한 일을 하는 시간으로 바꿀 수 있다.

그리고 주말 시간을 잘 활용해야 한다. 요즘 대부분의 직장이 주 5일제 근무를 하므로 주말을 어떻게 보내느냐에 당신의 경쟁력이 달려 있다. 많은 사람들은 이 시간에 주로 집에서 밀린 잠을 자거나 TV를 시청한다. 바쁜 주중에 잃어버린 1시간을 활용하려면 많은 노력이 필요하지만, 주말에는 마음만 3~6시간을 먹으면 자신의 시간으로 활용할 수 있다.

그렇다면 이렇게 중요한 주말 시간을 어떻게 활용하면 좋을까? 우선 토요일과 일요일을 나누어 활용하는 것이 좋다. 토요일에는 중요하지만 덜 급해 시작하지 못하던 일에 도전해본다. 토요일은 독서, 운동, 어학 공부, 취미생활 등 새로운 일에 도전하기에 적합한 시간이다. 주중에 끝내지 못한 일을 마무리해도 좋고 인생 2막을 위한 자기 계발이나 재테크에 할애해도 좋다. 그리고 무엇보다 소중한 가족과 이틀 중 하루는 함께 많은 대화를 나누어야 한다. 일요일에는 주중에 쌓인 피로를 푸는 데 필요한 휴식 시간을 가져 보자. 다만 저녁 시간에는 다음 일주일을 준비하는 시간을 가지면 좋다.

식사 시간도 적극 활용하자. 대부분의 직장인들은 점심시간에 같은 부서의 동료들과 식사한다. 그것이 잘못은 아니지만 점심시간을 훨씬 더 소중하게 활용할 수는 있다. 특히 함께 식사하면 빨리 가까워지고 진솔한 이야기를 나눌 수 있기 때문에 점심시간을 인맥 관리의 시간으로 활용하라고 권하고 싶다. 성공한 사람들은 주요 성공요인으로 인간관계를 꼽는다. 이처럼 소중한 사람을 주변에 많이 두는 것은 매우 중요한 자산이다. 자신의 삶에 영향을 미칠 수 있는 사람들과 함께 점심 식사를 하는 것은 소중한 보물을 얻는 것과 같다. 이제부터라도 더 많은 사람들과 다양한 분위기에서 함께 점심 식사를 하며 소중한 인연을 맺도록 노력해보라. 머지않아 좋은 사람들과 멋진 일들을 만들게 될 것이다.

우리나라에서 퇴근 후 저녁 시간은 직장 내 회식, 거래처 약속 등 가장 많은 모임이 있는 시간이다. 요즘은 단순한 술자리 위주의 저녁 모임은 줄어드는 추세다. 있더라도 과거처럼 2차, 3차까지 가는 경우는 드물다. 일 때문에 하는 야근은 피할 수 없겠지만 일반 모임이라면 어쩔 수 없는 자리 외에는 줄이고 가능하면 가족과 함께 하는 것이 바람직하다. 지나친 저녁 모임은 다음날의 업무 생산성을 떨어뜨리고 건강에도 무리를 주므로 바람직하지 않다.

영업 활동은 곧 시간과의 싸움이다. 목표와 계획 없이 활동하는 것은 시간 낭비일 뿐이다. 년, 월, 주 단위별 목표로 실천 계획을 세워라. 〈표1〉은 스티븐 코비의 《성공하는 사람들의 7가지 습관》에 나오는 주간계획표 양식을 참고해 세일즈맨들을 위해 만든 것이다. 주간계획표에 짜임새가 있으면 쓸데없는 일에 시간과 에너지를 뺏기지 않는다. 목표와 계획이 활동의 나침반 역할을 해주기 때문이다.

주간계획표 작성은 결과 위주가 아닌 활동 위주로 작성해야 효과가 있다. 주간목표란을 자세히 보라. 매출액이 아닌 매출 활동으로 되어 있다. 이것은 '주 매출액 100만 원'과 같이 결과를 목표로 잡으라는 말이 아니다. 매출 달성을 위한 활동 목표를 예를 들어 '신규 고객 ○명을 만나고 어느 곳을 개척할 것이며, 신규 고객 카드는 ○장을 받고…'와 같이 작성하라는 뜻이다. 증원도 '○명을 하겠다'가 아니라 증원 대상자 ○명을 새로 발굴하고 전화나 문자 메시지는 ○건, 경조사 챙기기 등과 같이 구체적인 활동 목표를 세우라는 의미다.

목표 달성을 위한 이런 구체적인 실행 계획을 세워 '약속과 실천 사항' 란의 시간에 맞춰 기록하면 된다. 자기 계발을 위한 계획도

|표 1| 주간계획표(일 ~   일)

역할	자기 계발	매출 활동	증원 활동	고객 관리	기타
주간 목표					

일( )	월( )	화( )	수( )	목( )	금( )	토( )

오늘의 주요 활동

일일 목표	약속과 실천사항
1	
2	
3	
7	
8	
9	
10	
11	
12	
1	
2	
3	
4	
5	
6	
7	
8	
9	
10	

필요하다. 영업 관련 전문서적을 읽거나 당신이 취급하는 제품 관련 서적을 꾸준히 읽어야 한다. 바쁜데 언제 책을 읽느냐고 반문하는 사람도 있을 것이다. 그럼에도 불구하고 하루 30분이나 1시간 정도 책 읽기 계획을 세워야 한다. 아침에 일어나면 대부분 신문부터 집어든다. 아침은 집중이 가장 잘되는 황금시간이다. 그 시간을 신문에 낭비하지 마라. 책을 읽어라. 당신은 영업하는 사람이니 관련 서적들을 많이 읽어야 한다. 자기 계발서도 좋다. 당신에게 지속적으로 동기를 부여하기 위해 자기 계발서를 읽거나 테이프, CD를 들어라.

또한 체력 관리를 위한 운동 계획, 재충전을 위한 계획을 세워 실천해야 어느 순간 공허해지는 심리 현상을 막을 수 있다. 바쁜 현대인들은 어느 날 문득 뒤를 돌아봤을 때 '이게 뭔가!'라는 회의감을 가진다. 그것을 극복하려면 가끔 여행을 가거나 영화, 연극, 독서 등으로 재충전을 해야 한다. 하루하루 이런 목표와 실천이 쌓이면 결국 매출 증가와 증원으로 이어지고 인생이 풍요로워질 것이다. 그리고 재충전을 위한 적절한 여가활동은 더 큰 생산성으로 이어진다. 다음의 '논두렁에 앉아서 낫 갈기'에 관한 일화는 여가활동의 중요성을 잘 설명해준다.

노래까지 흥얼거렸다. 저녁 시간이 되고 수확량을 비교해보니 후자가 훨씬 많았다. 쉬지 않고 열심히 일한 농부가 따지듯 물었다.

"난 한 번도 쉬지 않고 일했는데 도대체 어떻게 된 거야?"

그러자 틈틈이 쉰 농부가 빙그레 웃으며 대답했다.

"나는 쉬면서 낫을 갈았거든."

이처럼 휴식은 단순히 노는 시간이 아니라 낫을 가는 시간이다. 보험왕 토니 고든Tony Gordon은《세일즈 노트》에서 이렇게 말했다.

"탄탄하지 않은 기초 위에 집을 지을 수는 없다. 우리에게 기초란 지식도 아니고 계약 체결 능력도 아니다. 현명한 의사소통 능력도 아니고 성공해야 한다는 이유나 욕심도 아니다. 성공의 근본은 아무리 어렵더라도 끊임없이 약속을 잡겠다는 결단이다. 이런 부지런한 활동이 바로 성공의 근간이며 그 위에 성공을 쌓을 수 있다."

토니 고든은 여기서 약속의 중요성을 강조했다. 약속은 곧 활동 계획이다. 끊임없이 약속을 잡는다는 것은 부지런히 활동 계획을 세운다는 뜻이다. 실제로 그는 일주일 중 월요일부터 목요일까지 나흘 동안 영업하고 금요일은 잠재고객을 물색해 약속을 잡고 일주일 동안 한 일을 정리했다. 〈표 2〉의 토니 고든 계획표를 보라.

요일	시간	약속 대상	
월	10	이봉원	15
	12	/	14
	2	/	13
	4	권오만	12
화	10		11
	12	김중봉	10
	2		9
	4		8
수	10	이병식	7
	12		6
	2		5
	4		4
목	10		3
	12		2
	2		1
	4		

사용 방법은 수첩 한 장에 다음 주 영업 활동 날짜를 표시해 둔다. 잠재고객을 언제 만날지 정하고 시간 칸에 적는다. 그리고 15, 14, 13부터 시작해 1까지 숫자를 쭉 적는다. 시간이 채워지면 숫자를 지운다. 그렇게 하면 다음 주 일정과 목표가 한 눈에 들어온다. 모든 숫자를 0이 될 때까지 지워나간다.

토니 고든에게는 한 가지 규칙이 있었다. 그는 금요일에 모든 숫자가 지워지고 수첩에 다음 주 약속이 가득 찰 때까지 절대로 퇴근하지 않았다. 계획표를 보면 그는 일주일에 최소 15명과 약속을 잡

았다는 것을 알 수 있다. 수첩을 보면 현재 가망고객 4명과 약속이
잡혀 있고 12가지 숫자를 지웠다. 그는 다음 주를 조절할 수 없다면
다음 달과 내년도 조절할 수 없다고 말했다.

최고의 전문가로
몸값을 높여라

사람들에게 소망을 물어보면 '부자가 되고 싶다!'가 단골 메뉴로 등장한다. 세상을 살아가는 우리들은 그만큼 경제적 성공을 꿈꾸며 재테크가 삶의 목표인 듯 살아간다. 주식, 채권, 부동산, 펀드 등 다양한 재테크에 관심을 갖고 책이나 강좌로 지식을 쌓기 위해 노력하며 심지어 빚을 내 투자하기도 한다. 이렇게 부자가 되기 위한 노력에도 불구하고 실제로 재테크로 부자가 된 사람은 극소수에 불과하다.

그렇다면 노력한 만큼 고수익을 올릴 방법은 없을까? 답은 의외로 간단하다. 지금 하는 일에서 최고가 됨으로써 자신의 몸값을 스스로 올리는 것이다. 얼마 전까지만 해도 부富를 축적하려면 직접 창업하는 것이 거의 유일한 방법이었다. 하지만 경제 수준이 높아지면서 대기업 대표이사처럼 직장생활을 하거나 스포츠, 예술 등 각 분야의 최고가 되어 부자가 되는 길이 열렸다.

그러기 위해서는 주어진 상황에 맞추는 대신 자신이 원하는 방향으로 주위 상황을 만드는 노력이 필요하다. 그리고 자신을 훌륭한 상품으로 시장에 알리고 인지도를 높이는 데 더 많은 시간을 투자해야 한다. 어떤 분야에서든 최고 전문가가 되면 돈은 저절로 따라온다. 우리의 몸값은 시간이 흐른다고 저절로 올라가는 것이 아니다. 치열한 경쟁 속에서 최고가 되려면 피나는 노력과 인내가 필요하다. 최고의 몸값은 이런 노력에 대한 선물로 돌아오는 것이다.

직장생활에서는 무조건 원한다고 월급을 더 받는 것이 아니다. 목표 이상의 성과를 직장에 안겨줄 때만 더 받을 수 있다. 누구나 자신이 벌어들인 범위 내에서 받는다. 자신의 미래 소득은 남이 아니라 바로 자신에게 달려 있다. 사람들의 기대치보다 월등히 일해보라. 남들만큼만 일한다면 날짜가 지난 신문처럼 가치가 없어진다. 일반적인 수준에 목표를 두지 말고 자신만의 특별한 목표에 집중해야 한다.

아울러 '남들보다 나은 사람'이 되기보다 '어제보다 나은 사람'이 되기 위해 노력하라. '탁월한' 사람이 되는 데 가장 경계하고 두려워해야 하는 것은 '최악'이 아니라 그저그런 '우수한' 사람이 되는 것이다. '지금 하는 일이 반드시 내가 해야만 하는 일인가 아니면 남들이 해도 되는 일인가?'라고 자신에게 끊임없이 질문해보라. 그 질문에 대한 자기 확신이 있어야 한다. 소득은 자신감에 비례해 증가한다. 남들이 절대 대신할 수 없는, 자신감 넘치는 존재가 될 때 비로소 자신의 가치는 올라간다.

성공한 사람들을 관찰해보면 분야는 다르더라도 비슷한 점이 크게 두 가지가 있다. '성실'과 '유능'이 그것이다. 두 요소를 집 건축에 필요한 기둥에 비유할 수 있다. 이 두 요소는 상호보완적인 관계로 하나만으로는 절대 성공할 수 없다. 성실한 태도만 있다면 착실하고 좋은 사람으로 인식되겠지만, 사회나 직장에서 반드시 필요한 재목이 되기에는 부족하다. 반면, 큰 역량을 보유해 유능하지만 성실하지 않은 사람은 큰 도둑이 되어 사회에 암적 존재가 될 가능성이 높다. 따라서 성실과 유능이 조화를 이루어야 사회나 조직에서 필요한 인재가 될 수 있다.

그렇다면 성실이란 과연 무엇을 뜻할까? 부지런함이나 정직과 같은 '삶의 태도'로, 아침부터 자신의 생활을 준비된 마음과 자세로 올바르게 시작하고 직장에서도 규율과 업무 처리 방식을 빈틈없이 준수하며 나아가 동료들과 약속을 잘 지키는 신의까지 포함한다. 따라서 성실한 태도란 사회생활의 기본이라고 할 수 있다.

유능은 조직이 요구하는 지식이나 테크닉을 갖추어 과제를 효율적으로 처리함으로써 조직에 이익을 주는 역량이다. 유능은 선천적으로 타고나기도 하지만 후천적 노력으로 개발하고 발전시킬 수도 있다. 천부적 소질이 성공을 좌우하는 음악, 미술과 같은 예술 분야나 스포츠 분야는 예외일 수 있으나 대부분의 조직생활에서 요구하는 유능이란 타고난 천재적 기질보다는 일상의 부단한 노력에 따라 결과가 달라질 수 있다. 조직에 필요한 지식, 기술, 방법론 등을 나름의 노력으로 터득하면 전문가가 되어 사회가 요구하는 유능한 인재가 될 수 있다.

최고의 전문가가 되기 위해서는 먼저 자신이 취급하는 상품에 대해 최고의 지식과 사업환경에 대한 풍부한 정보가 있어야 한다. 그리고 조직 리더로서 최고의 성과를 창출하기 위해서는 인간 심리에 대한 깊은 식견과 소통능력을 전문가 수준으로 갈고 닦아야 한다. 종사하는 업종이나 직무와 상관없이 IT, 재무, 회계 분야에 대한 폭넓은 지식과 외국어를 포함한 글로벌 역량도 지속적으로 함양해야 한다. 따라서 유능이라는 역량을 기르는 노력은 반드시 성실이라는 태도를 동반해야 한다.

유능이라는 씨앗은 성실이라는 텃밭에 뿌려져 인내와 끈기와 지속적인 노력으로 가꾸어질 때 비로소 제대로 된 열매를 맺을 수 있다. 성실과 유능이라는 두 기둥을 중심으로 자신의 분야에서 최고의 전문가가 되는 것이 가장 훌륭한 재테크이며 단순한 부자를 넘어 사회적으로 존경 받는 성공한 리더가 되는 길이다.

이것은 세일즈맨에게도 그대로 적용된다. 한 분야의 전문가라면 상품과 서비스 정보를 고객에게 제대로 설명할 수 있어야 한다. 그러려면 고객의 비즈니스와 시장에 대한 철저한 지식, 고객의 경쟁 상황에 대한 예리한 통찰, 시장점유율 확보를 위해 고객에게 필요한 것에 대한 정확한 판단이 있어야 한다. 전문가 역할의 핵심은 고객의 비즈니스 전체를 통찰하는 능력에 있다. 고객에게 가치 있는 안내와 조언을 할 때 당신은 비로소 판매자와 공급자 역할을 뛰어넘어 밀접한 관계를 만들 수 있다. 세일즈맨으로서 전문가가 되려면 다음의 요소가 필요하다.

첫째, 전문성에 대한 신뢰를 쌓아야 한다. 고객의 눈에 전문가로 보여야 한다. 심지어 소속 조직과 별개로 자신의 명성을 쌓는 것도 중요하다. 자신이 취급하는 상품이나 서비스에 대한 전문성을 높이고 고객이 성공하도록 도와주는 방법도 잘 알아야 한다.

둘째, 확고한 배경지식을 쌓아야 한다. 고객은 자신의 회사나 업계에 대해 자세히 알려줄 시간이 별로 없다. 당신은 고객의 비즈니스 문제나 과제를 깊이 이해하고, 고객의 이익을 높여줄 유용한 정보를 갖추어야 한다. 그리고 무엇보다 해당 분야 지식으로 무장해야 한다. 시장 경쟁은 날로 치열해지고 차이는 있지만 2~3년 사이에 대부분의 업계에서 취급하는 상품의 절반 이상이 신상품으로 대체되고 있는 실정이다. 세일즈 전문가라면 이처럼 다양하게 변화하는 시장 상황과 분야에 대한 지식을 완벽히 갖추고 있어야 한다. 그래야 신뢰를 얻을 수 있다. 세일즈맨의 자신감은 지식에서 나온다. 고객의 관심사를 모르면 자신감을 갖기 어렵다.

 고객 니즈를 예상하는 것은 고객 니즈에 대응하는 것보다 훨씬 낫다. "뭔가 통했나 보네요. 마침 전화를 걸려고 했는데!"라는 말을 듣는 것이야말로 경쟁 상대보다 앞서가느냐 처지느냐의 차이를 나타낸다. 고객 니즈와 시장 목표를 아는 것이야말로 전문성의 핵심이다. 경쟁자들을 누르고 살아남아야 하는 고객의 심정으로 지식과 정보를 축적하라. 니즈가 당신을 찾기 전에 당신이 니즈를 먼저 찾아라. 그럼 이긴다. 고객 니즈와 목표를 예상하는 것은 경쟁 상대보다 우위를 점하는 것이다.

당신이 고객 니즈를 파악하고 있고 가장 훌륭한 솔루션을 제시할 수 있다는 것을 보여주는 것보다 훌륭한 영업 스킬은 없다. 그래서 탁월한 세일즈맨들은 자신의 솔루션이 고객이 표현하거나 표현하지 않은 니즈에 들어맞는지 확인하는 질문을 던진다. 영업은 고객이 무엇을 원하는지 잘 듣고 필요한 것이 무엇인지 정확히 알려주는 과정이기 때문이다.

6

용기와 주도성을
겸비하라

다음은 한 자동차 영업소의 세일즈맨이 겪은 이야기다.

부부로 보이는 두 사람이 전시장 문을 열고 들어왔다. 예쁘고 깔끔해 보이는 여자와 달리 남자는 후줄근한 점퍼에 차림이었다. 함께 들어오지 않았다면 부부라고 생각하기 어려울 정도였다. 그런데 그 남자의 태도가 너무나 당당했다. "차 좀 타 봅시다."라는 말과 함께 대답을 기다리지도 않고 문을 열고 타보더니 은근히 과시하는 태도까지 보였다. 타사의 차와 비교해가며 열심히 설명했지만 수긍하는 여자과 달리 남자는 냉랭한 표정이었다. 연락처를 받으려고 애를 썼지만 결국 그 남자는 알려주지 않았다. 그래서 짐작 가는 직업을 찍어 물었다.

"혹시 의사 선생님 아니십니까?"

차를 당당히 타는 것이나 꾸미지 않은 외모. 동행한 여자의 모습으로 보았을 때 영업소 근처의 병원장이라고 추정했던 것이다. 넘겨짚은 것에 놀랐는지 근처의 개업의라고만 말할 뿐 병원 이름은 끝내 알려주지 않았다.

다음날 주변의 병원을 수소문해 그 남자가 피부과 원장이라는 것을 알아내 인사를 드렸다. 그 후 두 달 동안 40여 차례 병원을 오가며 간단한 판촉물과 홍보전단을 드렸다. 처음에는 잡상인 취급을 했지만 조금씩 마음을 열었다. 두 달쯤 지나자 잠시 진료를 멈추더니 상담을 의뢰했다.

"의사가 되기까지 어머니께서는 학습지 영업을 하시며 힘들게 저를 가르치셨습니다. 당신이 영업하는 것을 보니 어머니 생각이 많이 났습니다. 두 달 동안 이렇게 계속 찾아오는데 내가 차를 안 사면 나쁜 사람 아닙니까?"

그 후 그 남자는 차를 구입해 내 고객이 되었다. 그리고 친한 병원장들을 꾸준히 소개해주며 관계를 지금까지 이어오고 있다.

이것은 한 번 맺은 인연을 절대 놓지 않고 끈질기게 찾아가 성실하게 도전했기 때문에 가능한 이야기다. 스치는 고객으로 생각하고 1회성 상담으로만 생각했다면 이런 일이 생길 수 있었을까. 이 이야기의 주인공은 40여 차례나 방문하며 주도적으로 응대해 고객의 신뢰를 얻었다. 탁월한 세일즈맨은 이런 주도성이 있다. 한국세일즈코치협회 이수미 이사의 한양대 대학원 석사논문 〈자동차 영업사원의 영업 역량이 성과에 미치는 영향〉에 따르면, 국내외 대기업들은 경쟁력 강화와 판매 실적 향상을 위해 영업 사원의 핵심역량을 찾아내고 그것에 근거한 교육 프로그램을 만들고 있다고 한다. 자동차의 경우, 고객들은 대개 광고나 인터넷에서 제품 정보를 얻고 구매 욕구가 생기면 세일즈맨을 만나 구입한다고 한다. 품질도 좋아야겠지만 세일즈맨의 역량이 실질적인 구매에 매우 큰 영향을 미치는 것이다. 대부분 고가인 자동차는 충분히 고민해 구입 결정을 내리는 상품이므로 다른 상품보다 세일즈맨의 역량이 중요하다.

그렇다면 훌륭한 성과를 내는 자동차 세일즈맨은 어떤 특징이 있을까? 기아자동차의 세일즈맨 3백여 명을 조사한 결과, 성과가 좋은 세일즈맨의 핵심역량은 주도성에 있었다고 한다. 주도성은 은근과 끈기로 나타나며, 반복해서 시도하고 장시간을 투자하며 거절당해도 포기하지 않는 것이다. 또한 주도성은 기회를 잘 포착하고 경쟁자의 위협에 즉각적으로 대응하며 업무 규정에서 요구하는 것보다 더 많이 일하는 행동으로 나타난다.

초일류 세일즈맨들도 주도적이다. 세일즈로 1년에 10만 달러 이상 버는 초일류 세일즈맨들을 조사해보았더니 일반 세일즈맨들과 구별되는 흥미로운 공통점을 발견할 수 있었다고 한다. 가장 두드러진 점이 바로 용기였다고 한다.

지금 바로 실행하라

사람들은 대부분 행복한 삶을 위해 자신의 분야에서 성공하기를 원한다. 그래서 많은 자기 계발서를 읽고 나아가 역량 강화를 위해 여러 가지 학습 프로그램에 참가한다. 학습으로 다양한 지식을 습득하고 활용해 더 나은 삶을 위한 계획을 세우는 것이다. 그렇게 빈틈없이 세운 계획서를 손에 쥐고 나면 그것을 이룬 것처럼 뿌듯함과 행복감에 젖어든다.

하지만 눈을 돌려 가정과 직장 일상생활로 돌아오면 상황은 달라진다. 작은 것 하나라도 실행해보려고 하지만, 현실에서는 힘들다는 것을 느낀다. 결심한 대로 실행하려면 과거의 낡은 것을 버리고 새로운 방식을 새로 익히고 닦아야 하지만, 거기에는 많은 정신적·육체적 고통이 따른다. 그러면 마음을 굳게 먹고 시작한지 얼마 안돼 현실의 벽에 부딪히며 좌절에 빠진다. '작심삼일作心三日'에 무릎을 꿇는 것이다. 작심삼일은 어떤 일을 지속적으로 할 수만 있다면 큰 결실을 맺을 수 있다는 실행의 위력을 반증反證한다.

성공하는 사람과 그렇지 못한 사람의 차이는 '지속적인 실행'에 있다. '성공한 사람들은 우리가 모르는 뭔가 특별한 성공 비법을 알고 있다.'라고 생각하지만 그런 것은 없다. '목표를 세우고 목표를 향해 열심히 실행하는 것'이 '성공의 길'임을 모르는 사람이 있겠는가. 결국 성공이란 알고 모르는 지식의 문제가 아닌 실행의 문제인 것이다.

그렇다면 우리는 왜 알면서도 실행하지 않는 것일까? 아는 것과 행동하는 것의 차이를 줄이려면 어떻게 해야 할까? 우리가 진정으로 이해하고 마음으로 받아들여야 하는 실행은 과연 어떤 힘이 있을까? 다음과 같이 실행을 대하는 자세가 그 답을 제공할 것이다.

첫째, 실행은 시선이 미래로 향해야 한다. 실행은 과거에 얽매인 삶의 질곡에서 빠져나오게 하는 힘이 있다. 과거의 실패에 대한 막연한 후회와 좌절, 과거의 성공에 대한 아련한 추억 등 과거를 회상하며 힘없이 살아가는 마이너스(-) 에너지를 무력화하고, 미래를 바라보고 생각하도록 시선을 전환하는 플러스(+) 에너지를 마음에서 이끌어낸다. 과거의 경험이나 관행에 대한 '집착'에서 벗어나 미래를 향해 직접 행동하도록 독려한다. 말을 얼마나 많이 하고 멋있게 말하는가보다 실제로 어떤 일을 실행했는가에 따라 사람들을 평가하는 안목도 길러준다.

 '실험'이란 성공으로 가기 위해 반드시 거쳐야 하는 과정이다. 즉, 실행은 행동의 결과가 원하는 수준에 미치지 못하더라도 '실패'라는 '결과'가 아니라 '실험'이라는 '과정'에 있음을 받아들이게 해 포기하지 않고 끝까지 추진할 수 있도록 힘을 준다.

직장에서 특정 사안에 대해 '실패'라는 의사 결정이 쉽게 내려지면 두려움이 조장되어 구성원들이 업무를 장기적으로 생각하지 않고 단기적으로 처리하게 된다. 이때 실패의 두려움을 극복하려면 성공하지 못한 것이 아니라 아무런 행동도 하지 않은 데 책임을 묻고, 새로운 시도를 장려하고 실패를 통해 무엇을 배웠는지 말하도록 해야 한다. 실패를 성공을 위한 '실험 중實驗中'이라는 뜻으로 용인하는 조직문화를 만들어야 하는 것이다. 이런 조직문화가 조성될 때 지속적인 성과 창출과 미래 사업 발굴이라는 멋진 열매로 이어질 수 있다.

셋째, 실행의 가장 위대한 산물은 습관이다. '생각은 행동을 낳고, 행동이 모이면 습관이 되고, 습관이 쌓이고 쌓여 한 사람의 운명을 결정짓는다.'라는 말이 있다. 반복적인 행동이 습관을 형성하는 것이다. 습관 중에서도 무의식적인 행위를 버릇이라고 하며 '세살 버릇 여든까지 간다.'라는 격언처럼 버릇이나 습관은 한 번 몸에 배면 좀처럼 바꾸기가 힘들다.

흔히 버릇이나 습관을 부정적으로 생각하는 경향이 있다. 하지만 모든 습관이 나쁜 것은 아니다. 올바른 습관을 가지면 성공에 다가갈 수 있다. 자기 계발서에서 알려주는 여러 지침들을 몸에 익혀 습관적으로 실행한다면 당신의 운명은 실패가 아닌 성공으로 향할 것이다. 성공은 습관이며 습관은 실행으로 만들 수 있다.

'아는 것이 힘이다.'이라는 격언이 있다. 맞는 말이다. 무엇이든 많이 알아야 한다. 하지만 정작 중요한 것은 아는 것만으로는 힘을 발휘할 수 없다는 사실이다. 알기만 하고 실행하지 않는다면 아무 소용없다. 이제 이 격언은 '실행하는 것이 힘이다.'로 바뀌어야 한다. 아무리 좋은 생각이나 계획도 실행하지 않는다면 열매는 없다. 여행을 가고 싶은 것과 가고 싶은 곳으로 여행을 떠나는 것은 조금 다르다고 생각할지 모르지만 그 결과는 매우 다르다.

위대한 문학작품도 한 줄의 글에서 시작한다. '하지 못해 안 하는 것이 아니라 하지 않아 못하는 것이다.'라는 말처럼 실행해보지도 않고 걱정하는 것은 바람직하지 않다. 우리는 신이 아니다. 실행해보지도 않고 실패인지 성공인지 어떻게 알 수 있겠는가? 수백 권의 양서를 읽고 성공한 사람들로부터 훌륭한 조언을 수십 번 들어 방법을 깨달았더라도 실행하지 않는다면 '그림의 떡'일 뿐이다. 부뚜막 소금도 넣어야 짜고 구슬이 서 말이라도 꿰어야 보배다.

두려움과 혼란을 이겨내고 성공하기 위해 가장 필요한 것은 '실행'이다. 온종일 회의실에서 보내봤자 답은 나오지 않는다. 더 나은 미래를 향해 새롭게 도약하려면 더 이상 우물쭈물하지 말고 당장 실행하라. 조금 부족하더라도 오직 그 실행들만이 불확실한 어둠을 환히 밝혀줄 것이다.

진정으로 성공한 세일즈맨이 되고 싶은가? 실행의 힘을 믿고 작은 것부터 실행해보라. 생각은 누구나 한다. 그러나 아무나 실행하진 못한다. 자신을 믿고 격려하며 천천히, 하루도 빠짐없이 목표를 향해 나아가라. 실행하는 사람만이 진정으로 성공한 프로 세일즈맨이 될 수 있다.

3장

전문가다운
이미지를 심어라

1

첫인상과 신뢰의 관계

지금까지 살아오면서 가장 기억에 남는 만남이 있는가? 오늘 아침 눈을 떠서 잠자리에 드는 순간까지 얼마나 많은 사람들이 스쳐 지나갔는지 기억하는가? 그 많은 사람들 중 특별히 기억에 남는 사람이 있는지 떠올려보라. 찰나지만 선한 눈빛을 가진 사람, 미간을 찌푸리며 인상 쓰는 사람, 뭔가 많은 걱정거리가 있는 듯한 사람, 옷차림이나 화장이 눈에 띈 사람, 행동에서 느껴지는 친절과 불쾌함 등 어떤 사람 또는 무엇이 기억에 남는가?

모든 관계는 만남에서 시작된다. 만남이 운명을 바꿀 정도로 매우 강렬할 때도 있다. 부모자식 간의 만남부터 연인, 학창시절 친구, 선생님, 직장 동료, 동호회, 각종 친목 모임 등 평생 동안 관계를 지속해야 하는 만남부터 목적과 필요에 따라 기간이 정해지지 않은 짧은 만남도 있다.

일상생활에서 매일 부딪히는 만남도 있다. 출퇴근길 버스나 지하철에서 스쳐 지나가는 사람, 백화점이나 마트에서 물건을 구입할 때 만나는 판매원, 치료받기 위해 찾아가는 병원 의료진, 여행지의 펜션 주인, 우연히 마주치는 수많은 사람들. 이렇게 기억조차 못할 만큼 많은 사람들과 우리는 만나고 헤어진다. 오늘도 내일도 그런 만남과 헤어짐을 반복하며 살아갈 것이다. 이런 만남에서 사람들은 처음 본 상대방에게 어떤 느낌, 즉 '첫인상'을 갖게 된다.

그런데 첫인상은 만남을 소중한 인연으로 이어가거나 순간의 만남으로 끝내버리기도 한다. 그것이 개인적 관계라면 흔히 인연이 '있다', '없다'로 말할 수 있겠지만, 세일즈하는 사람이라면 이야기가 다르다. 첫인상의 호불호는 찰나에 결정된다. 전문가들은 7초 만에 첫인상이 결정된다고 말한다. 짧은 시간에 결정된 첫인상은 사진처럼 한 번 박히면 기억에서 좀처럼 바꾸거나 지우기가 어렵다. 그래서 사람들은 중요한 만남에서 좋은 첫인상을 남기기 위해 많이 노력한다. 특히 세일즈맨에게 첫인상은 세일즈 성과를 좌우할 만큼 매우 중요하다.

그럼 첫인상을 결정하는 요인은 무엇일까? 일단 겉으로 보이는 표정, 옷차림, 머리 모양, 말투, 행동 등이다. 그렇다고 그런 요소들이 전부는 아니다. 요즘 고객들은 모든 분야에서 세일즈맨보다 더 많은 지식이 있다고 해도 과언이 아니다. 세일즈맨이 고객에게 남겨야 할 것은 좋은 겉모습뿐 아니라 눈에 보이지 않는 자신감과 전문 지식까지 포함한다.

정보 개방으로 고객 니즈가 다양해져 세일즈맨의 역량이 중요해지고 있다. 따라서 고객의 연령, 직업, 경제력 등에 맞춰 세일즈맨도 옷차림이나 화장, 화법 등을 바꿀 필요가 있다. 지금까지 딱딱한 정장에 틀에 박힌 화법만 구사했다면 이제부터라도 변화를 주어야 할 것이다. 예를 들어 이삼십대 젊은 고객을 만나는데 너무 과한 정장은 부담스러울 수 있다. 가벼운 옷차림이 오히려 좋은 인상을 줄 수 있다. 마찬가지로 일반 서민 고객을 만날 때는 수수한 차림과 편하고 쉬운 용어 등을 사용해야 좋은 인상을 남길 수 있다.

신뢰란 '상대방을 굳게 믿고 의지하는 것'이다. 이것은 부부지간, 부모 자식지간, 상사와 부하 간, 동료 간, 친구 간에도 필요하다. 신뢰가 없다면 진정성 있는 관계 형성은 불가능하다. 세일즈맨과 고객 사이에도 신뢰가 필요하다. '아, 이런 사람이라면 구입해도 될 거야.', '이 사람은 볼 것도 없어, 믿어도 돼.', '이 정도쯤이야 해줄 사람이지.'와 같은 신뢰가 있을 때, 고객은 유쾌하게 구매를 결정하고 세일즈맨을 선택할 것이다. 세일즈맨이라면 성과 창출을 위해 고객과 신뢰 관계를 형성하고, 고객이 신뢰할 수 있도록 노력해야 한다.

그렇다면 신뢰는 한 번에 이루어질까 아니면 시간이 필요할까? 정답은 '그때그때 달라요.'이다.

다음은 자동차 매장에서 있었던 일이다.

신뢰는 이처럼 한 순간에 형성될 수도 있다. 반면에 DM도 보내고 부지런히 고객 관리를 해도 아무 반응이 없다가 10년만에 전화해 "당신 같은 사람은 처음 봤습니다. 어쩌면 그렇게 한결같이 DM을 보내나요? 그 정성에 감동했습니다."라며 구매하는 경우도 있다. 신뢰를 얻는 것은 시간의 문제가 아닌 것이다.

그렇다면 고객과 탄탄한 신뢰를 형성하면 어떤 이점이 있을까?

첫째, 고객을 편히 만날 수 있다. 굳이 잘 보이려 하거나 '대화를 어떻게 이어나가지?'라고 고민하지 않아도 된다. 긴장하지 않고 만나고, 지나다가 우연히 들러도 편하다. 어디 그뿐인가. 구입할 때도 일일이 따지지 않는다. 세일즈맨에게 맡겨버린다.

둘째, 고객은 세일즈맨의 협력자가 된다. 굳게 다져진 신뢰는 세일즈맨과 고객의 관계뿐만 아니라 또 다른 관계도 만들어준다. 타인이 같은 제품을 구입하려고 할 때 적극적으로 그의 옹호자가 되어 세일즈맨을 홍보하고 도와준다. 자신이 느낀 신뢰감을 타인도 떳떳이 느끼게 해주고 세일즈도 대신 해준다.

셋째, 윈윈 관계가 된다. 세일즈맨만 수혜자가 되는 것이 아니라 고객에게도 도움을 준다. 고객이 꽃집을 운영한다면 꽃도 구입하고 고객이 식당을 개업하면 찾아가 먹어주고 회식도 그곳에서 하면서 비즈니스를 넘어 인간적으로 돈독해진다. 서로 돕는 평생 친구가 된다. 스티븐 M. R. 코비는《신뢰의 속도》에서 신뢰 공식을 다음과 같이 강조했다.

송기영 대표는《세일즈 마스터 화법》에서 "가격과 품질은 회사가 만들어내는 경쟁력이고 고객의 신뢰는 세일즈맨이 만들어내는 경쟁력이다."라고 강조했다. 그의 말처럼 신뢰는 곧 세일즈맨의 경쟁력이다.

그렇다면 어떻게 해야 고객이 신뢰할 수 있을까? 우리는 고객을 만나 먼저 인사를 나누고 본격적인 세일즈 상담을 하고 판매를 마무리하고 사후관리 수순을 밟는다. 그럼 각 단계에서 어떻게 신뢰를 쌓을까?

1. 처음 접근할 때 신뢰 쌓기

고객은 처음 만날 때 어떤 감정일까? 항상 고객 입장에서 생각하면 신뢰 관계를 쉽게 형성할 수 있다.

첫째, 기대심리가 있다. 고객은 '날 환영/대우해주겠지?'라는 심리와 '구입하려는 제품 정보를 모두 얻을 수 있겠지?', '성심성의껏 친절히 상담해주겠지?'와 같은 기대심리를 지닌다. 그런데 세일즈맨이 명심할 것은 이렇게 좋은 감정만 있는 것이 아니라는 사실이다.

둘째, 두려움이 있다. '상담하려고 만났는데 날 홀대하면 어쩌지?', '가장 값싼 제품을 산다고 차별하면 어쩌지?', '허름한 옷을 입고 가 안 살 사람으로 보여 대충 상담해주면 어쩌지?'와 같은 걱정을 한다.

셋째, 부담감이 있다. '과연 이 제품이 괜찮을까?', '구입한 후 후회하진 않을까?', '오늘 만나 상담해줄 직원이 정말 잘해줄까?', '똑똑한 직원일까?', '사후관리는 잘해줄까?'와 같이 불확실성에 대한 부담감을 지닌다.

케빈 호건은 《구매의 심리학》에서 고객의 이런 부담감을 '상담하는 고객은 자신의 몸을 사린다.'라고 표현했다. 혹시 빈틈을 보이는 순간 세일즈맨이 그 틈을 비집고 들어와 강하게 밀어붙여 의도와 다른 결정을 내릴까봐 고객은 철저히 표정, 말, 감정을 숨기며 몸을 사린다는 것이다.

이런 감정을 종합해보면 고객은 마음의 문을 활짝 열고 오기보다는 닫고 온다는 것을 알 수 있다. 따라서 만나자마자 고객을 붙들고 카탈로그를 펼쳐 제품을 설명하는 것이 급한 게 아니다. 그보다 먼저 고객의 불안과 못미더워하는 마음을 제거하고 '이 사람이라면 믿을 수 있어', '이 사람은 날 도와줄 거야', '이 사람의 도움이 필요해!'라고 느끼도록 마음의 문을 열어야 한다. 그렇게만 된다면 그다음은 제품 상담에만 집중하면 되고 계약률도 비약적으로 올라갈 것이다. 정말 중요한 부분이지만 많은 세일즈맨들은 이것을 간과한다.

그렇다면 처음 만난 고객에게는 어떻게 하면 신뢰를 얻을 수 있을까? 사람들은 새로운 사람을 만나면 첫인상의 초두효과, 즉 처음 받은 정보에 많이 좌우된다고 한다. 그것은 나중에 들어온 정보보다 더 큰 영향을 미친다. 첫인상이 좋으면 그다음에 실수를 하더라도 쉽게 납득을 하고 이해한다. 반면, 첫인상이 별로였는데 같은 실수를 하면 '그럴 줄 알았어.'라며 단념해버린다. 첫인상이 별로였는데 '겪어보니 보기보다 괜찮네?'라며 인식을 바꿀 수도 있는데, 그러려면 많은 노력을 해야 하고 시간도 오래 걸린다. 따라서 처음에 좋은 인상을 심어줘야 한다. 말끔한 복장에 활짝 웃으며 밝은 모습으로 만나는 것이 좋다. 혹시 만남의 장소가 매장이라면 첫 응대는 더더욱 중요하다.

심리학에 '수동 공격성 이론'이 있다. 상대방의 감정을 읽는 요소 중 하나가 속도라는 것이다. 예를 들어 퇴근 후 귀가해보니 거실에 책들이 널려 있다. 지저분한 책들을 정리하라고 아이에게 시킨다. 아이는 "네!"라고 대답했지만 속이 터질 정도로 천천히 움직인다. 한 권 정리하는 데 몇 분씩 걸린다. 아이가 안 하는 것은 분명히 아니지만, 못 미덥고 답답한 것은 느리기 때문이다. 속도를 보면 딱 하기 싫은 게 보인다.

직장인의 경우, 금요일 퇴근 때와 월요일 출근 때의 발걸음 속도가 다르다고 한다. 속도는 그 사람의 마음이다. 적극적이고 진정성이 있다면 속도는 빠를 수밖에 없다. 고객 응대에서도 예외가 아니다. 아무리 친절하게 "안녕하십니까? 반갑습니다.", "잘 오셨습니다. 어서 오세요"라고 말해도 속도가 느리면 고객은 오해한다. 의류 매장을 갔는데 주인이 본척만척하다가 한참 후에야 다가온다면 고객은 구매욕이 떨어질 수밖에 없다. 반대로 들어오자마자 신속히 자리에서 일어나 다가오면 고객은 '날 진심으로 환영해주는구나!', '날 반겨주는구나!', '날 고객으로 생각해주는구나!'라고 느낀다. 고객은 점원의 인사말이 아닌 속도를 보고 진정성을 파악한다.

《이기는 습관》의 저자 전옥표 씨는 삼성전자 마케팅 팀장으로 재직할 때 전국 매장을 누비며 '이곳이 되는 곳이구나!', '이곳이 되지 않는 곳이구나!'를 금세 알아챘다고 한다. 매장 문을 열었을 때 직원들의 신속한 응대 여부만 보아도 알 수 있었다고 한다. 그러니 벌떡 일어나 신속하게 고객을 맞아라. 그리고 크게 인사하라. 그 순간 고객은 마음을 열 것이다.

고객은 세일즈맨을 만났을 때 기본적으로 2가지 부담을 느낀다. 첫째는 제품 구입에 대한 부담이고 둘째는 세일즈맨에 대한 부담이다. 처음에는 제품 소개를 아직 안했기 때문에 제품이나 계약 부담보다 세일즈맨이 부담스럽게 마련이다. 이런 때는 "오늘 정말 더우시죠?", "사무실이 이 근처세요?", "점심 식사는 하셨어요?"와 같은 간단한 말로 고객의 얼어붙은 마음을 깰 '라포트Rapport'를 형성해야 한다. "고객님, 웃는 모습이 참 매력적이시네요.", "고객님, 스카프가 무척 멋지네요."와 같은 칭찬도 좋다. 또한 "고객님, 오래 기다리셨죠?", "고객님, 초행길이라 많이 낯서시죠?", "고객님, 많이 당황스러우셨죠?", "고객님, 많이 속상하셨죠?", "정말 구입이 망설여지시죠? 저라도 고민할 거 같습니다."와 같은 공감화법으로 고객의 마음을 알아봐주는 것도 좋은 방법이다.

고객이 입으로 말하진 않았지만 현재 그의 마음이 어떨지 고민해보라! 그 부분을 짚어주고 알아주고 얘기해주고 공감해주어라. 고객과 처음 만났을 때 신뢰를 쌓는 방법은 무궁무진하다. 고객이 신뢰를 느낄 간단한 핵심으로는 인사도 있다. 돌만 지나도 할 수 있는 것이 인사지만, 인사를 잘못해 낭패를 보는 경우가 정말 많다. 단지

고개만 숙이는 것이 아니라 제대로 된 인사법을 알아야 한다.

첫째, '+@ 인사말'을 붙여라! 당신은 고객과 처음 만났을 때 어떤 인사말을 하는가? 마음이 담긴 정성스런 인사가 되려면 단순히 '안녕하세요?', '안녕하십니까?'로 끝나는 것이 아니라 '+@'를 넣는 것이 좋다. 이때 어떤 인사말을 덧붙일 수 있을까?

- "안녕하십니까, 반갑습니다!"
- "안녕하십니까, 환영합니다."
- "안녕하십니까, 잘 오셨습니다."
- "안녕하십니까, 어서 오세요."

단순한 인사만으로는 '환영'하는 느낌이 부족하지만, '+@ 인사말'을 붙이면 정성스럽게 들린다. 또는 "안녕하십니까, 새로운 즐거움을 드리는○○보험입니다."처럼 회사명을 말해도 좋다.

둘째, 반드시 눈을 맞춰라. 인사를 했는데도 고객 입장에서 인사를 받았다는 느낌을 못 받는 것은 눈을 맞추는 데 실패했기 때문이다. 고객과 감성적인 따스함을 주고받으려면 눈을 마주쳐야 한다. 인사하는데 눈을 쳐다보지 않거나 충분히 눈을 맞추지 않고 중간에 멈춰버리면 건조한 인사가 되어 버린다. 살짝 미소 띤 얼굴로 고객과 눈을 마주친 후 인사하라. '안녕하십니까?'라고 말할 때는 고객과 눈을 맞춰 교감하고 고개가 내려갔다 올라오면서 +@ 인사말을 하면 좋다.

　　셋째, 자세를 유지하라. 며칠 전 마트에 갔더니 입구에서 한 직원이 선 채로 인사를 했다. 그것도 어깨에 힘이 잔뜩 들어가고 다리는 11자로 넓게 벌린 채. 상상이 되는가? 그 모습이 마치 조폭의 인사 같았다. 그 마트에 대한 이미지가 확 바뀌면서 어떻게 저런 직원을 맨 앞에 배치시켰는지 이해가 되지 않았다.

　　인사를 할 때 다리는 발뒤꿈치를 살짝 붙이는 것이 좋다. 팔도 몸에서 떼면 안 된다. 양손은 가볍게 모은 후 재봉선 틀에 올려놓아라. 고객은 당신이 표현한 보디랭귀지를 보고 당신의 심리 상태를 모두 읽을 수 있다. 손을 앞으로 모으는 것은 '나는 당신에게 졌소.'라는 메시지를 줄 수 있다. 공손해보일 수 있지만, 자신 없어 보인다. 그렇다고 뒷짐을 지는 것은 과한 행동이다. 고개만 까딱거리지 말고 척추와 함께 곧게 일직선으로 내려가야 격조 있고 깔끔한 인사가 된다. 최근에는 고객에게 부담을 줄 수도 있어 고개를 너무 숙이지 않는 추세다.

　　넷째, 큰 소리로 인사하라! 한 서비스 전문가는 나이트클럽에 가볼 것을 권한다. 깜깜하고 시끄러운 공간이지만 "안녕하십니까? 너훈아입니다!"라는 우렁찬 인사를 받을 때면 느낌이 그리 나쁘지 않다. '고객님, 제가 정성껏 모시겠습니다.', '고객님, 제가 기다렸습니다.'라는 메시지가 전달되기 때문이다. 큰 소리로 인사하면 고객도 기분이 좋지만 자신도 기분이 좋아진다. 세일즈를 하다 보면 똑같은 컨디션으로 고객을 만나기가 힘들다. 말은 생각을 지배하고 생각은 뇌를 지배하며 뇌는 태도를 지배한다.

왠지 자신 없을 때 자리에서 벌떡 일어나 배에 힘을 주고 큰 소리로 인사해보라. 온몸의 세포가 살아나며 적극적인 태도로 바뀔 것이다. 인사는 고객의 인격을 존중하며 정성껏 모시겠다는 마음의 표현이다. 쉽게 볼 것이 아니다. 고개를 숙이는 것만이 전부가 아니다. 눈을 마주치며 밝은 얼굴로 마음을 담은 인사는 굳게 닫힌 고객의 마음을 열어젖힌다. 환영받는다는 느낌을 주는 인사는 기분 좋게 다음 단계인 상담으로 넘어가게 해준다.

2. 상품을 설명할 때 신뢰 쌓기

본격적으로 상담에 돌입할 때에는 다음과 같이 2가지로 고객과 신뢰를 쌓을 수 있다.

첫째, 제품 지식이다. 프레젠테이션을 하기 위해서는 제품 지식이 충분해야 한다. 우리가 제품을 알아야 하는 첫 번째 이유는 '세일즈맨은 당연히 알고 있겠지?'라는 기대감이 고객에게 있기 때문이다. 그것이 기본이라고 생각한다. 그래서 완벽하게 알아야 한다. 뭔가 물으면 즉시 대답할 수 있어야 한다. 그렇지 않으면 고객은 '세일즈맨이 그것도 몰라? 기본도 안 되어 있잖아?'라고 생각하기 쉽다.

요즘은 전반적으로 세일즈맨의 상담 시간이 줄고 있다. 고객이 정보를 많이 알고 오기 때문이다. 현대를 '빅 데이터Big Data 시대'라고 한다. 손에 든 것이 곧 정보다. 때로는 고객이 세일즈맨보다 신제품 사양을 더 잘 알고 있을 때도 있다. 그래서 세일즈맨들은 긴장할 수밖에 없다. 고객은 1차로 알아본 후 그 이상을 물어온다. 그러니 고객보다 더 많이 알아야 하지 않겠는가!

세일즈 현장에서 직원이 소극적인 이유는 대체로 제품 지식이 부족하기 때문이다. 제품에 대한 지식이 풍부하다면 고객의 어떤 질문이든 자연스럽고 능동적으로 이끌 수 있지만 그렇지 못하면 위축될 수밖에 없다. 모르는 질문을 할까봐 두려워 질질 끌려 다니게 된다.

세일즈맨의 제품 전달력을 10으로 본다면 열정적으로 최선을 다한 상담은 10만큼 고객에게 모두 전달된다. 그만큼 계약 확률이 높다. 하지만 제품을 잘 몰라서 적극적으로 상담하지 않는다면 고객에게 8 정도밖에 전달할 수 없다. 따라서 계약을 하고 싶다면 열정적으로 제품 설명을 잘해야 한다.

제품에 대한 공부는 신입 직원이든 기존 직원이든 누구나 항상 해야 한다. '평생 교육'이라는 말도 있듯이 세일즈맨이라면 평생 공부해야 할 과목이 바로 제품 지식이다. 혼자 하는 것도 좋지만 세일즈 현장에서 관리자 주도로 제품별 담당자를 정해 주기적으로 하는 것이 좋다. 제품뿐 아니라 매달 다른 프로모션과 관련 세법, 상식 등도 꿰차고 있어야 한다. 또한 고객이 타사 제품을 두고 고민할 때 공략할 소구점도 숙지해야 한다.

 한국세일즈코치협회 이수미 이사의 논문 〈자동차 영업 사원의 영업 역량이 성과에 미치는 영향〉에는 세일즈맨에게 필요한 역량이 12개로 정리되어 있다. 영향력, 성취지향성, 주도성, 대인이해, 고객지향성, 자신감, 관계 형성, 분석적 사고, 개념적 사고, 정보 수집, 조직 인식, 전문성 역량이 그것인데, 회사나 제품에 따라 역량의 상호 비중은 달라질 수 있다Spencer & Spencer, 2003.

앞서 말했듯이 300여 명의 세일즈맨들을 대상으로 자가 진단과 관리자 평가, 즉 180° 평가로 얻어낸 기아자동차의 고성과 세일즈맨들이 지닌 핵심역량은 주도성이었다. 주도성은 은근과 끈기의 형태로 나타나며, 반복해서 시도하고 장시간을 투자하며 거절당해도 포기하지 않는 것을 말한다. 이는 기회를 잘 포착하거나 경쟁자의 위협에 즉각 대응하고, 업무 규정상의 요구보다 더 많이 일하는 행동으로 나타난다. 즉, 차를 잘 파는 사람은 주도성 역량이 높은 것이다. 토머스 J. 스탠리는 주도성을 다음과 같이 '용기'로 재해석했다.

초일류 세일즈맨들은 주도적이다. 세일즈를 통해 수수료 수입으로만 1년에 10만 달러 이상을 버는 초일류 세일즈맨 수백 명을 조사해보았더니 그들 모두를 일반 세일즈맨들과 구별하는 흥미로운 공통점을 발견할 수 있었다. 초일류 세일즈맨과 일반 세일즈맨의 가장 두드러진 차이는 용기였다.

가중치	역량(Competency)	행동양식(Behavioral Indicators)
★★★★★ ★★★★★	영향력	◦ 고객의 신뢰를 구축한다. ◦ 고객의 이슈와 관심에 주목한다. ◦ 간접적 영향력을 행사한다. ◦ 자신의 말과 행동의 효과를 예측한다.
★★★★★	성취지향성	◦ 도전적이고 성취가능한 목표를 세운다. ◦ 시간을 효율적으로 쓴다. ◦ 고객의 사업을 발전시킨다. ◦ 잠재적 이익가능성에 초점을 맞춘다.
★★★★★	주도성	◦ 집요하다, 쉽게 포기하지 않는다. ◦ 기회를 포착한다. ◦ 경쟁 위협에 대처한다.
★★★	대인 이해	◦ 비언어적 행동을 이해한다. ◦ 타인의 태도, 의미를 이해한다. ◦ 타인의 반응을 예상한다.
★★★	고객 지향성	◦ 고객의 요구를 충족시키기 위해 기타 노력을 기울인다. ◦ 고객의 잠재욕구를 발견해 충족시킨다. ◦ 사후관리를 잘한다. ◦ 믿을 만한 조언자 역할을 한다.
★★★	자신감	◦ 자기 능력을 믿는다. ◦ 도전을 받아들인다. ◦ 낙관적이다.
★★	관계 형성	◦ 업무와 관련된 친분관계를 유지한다. ◦ 인적 네트워크를 형성하고 활용한다.
★★	분석적 사고	◦ 장애를 예상하고 대비한다. ◦ 다양한 설명거리나 계획을 생각해둔다.
★★	개념적 사고	◦ 나름대로 규칙을 적용한다. ◦ 현재와 과거의 비슷한 점을 인식한다.
★★	정보 수집	◦ 다양한 출처에서 정보를 얻는다.
★★	조직 인식	◦ 고객의 조직이 움직이는 방식을 이해한다.
최소 요건	전문성 역량	◦ 제품과 서비스 관련 기술과 지식을 보유하고 있다.

　그렇다면 용기, 즉 주도성이 있는 세일즈맨들에게는 어떤 공통점이 있을까?

　첫째, 피동적인 상담을 하지 않는다. 그들은 "고객님이 보시고 궁금하신 게 있으시면 물어보세요."라고 말하지 않는다. "둘러보세요."라며 자리에 앉아 있지도 않는다. 상품에 대해 자신 있게 설명하고 먼저 다가가 제품 시연을 적극 권한다. 그들은 절대 고객 뒤에 서 있지 않는다. 고객보다 앞에 있고, 고객이 묻기 전에 먼저 소개한다. 정확한 정보로 상담을 이끌고, 고객을 만날 때 충분히 준비하고 챙긴다. 고객의 이야기도 경청한다. 상담이 즐거워 보이고 활기차다.

　둘째, 계약 권유에 적극적이다. 그들은 열심히 상품 설명을 한 후 "고객님, 오늘 결정하시죠. 웬만하면 오신 김에 계약하시죠."라고 권한다. 계약 타이밍을 잘 포착한다. 고객에게 틈을 주지 않는다. "아니, 오늘 계약은 어려울 것 같아요. 안내 책자만 주세요."라는 거절 멘트가 나와도 두려워하지 않는다. 이것은 무조건 "계약하셔야 돼요."라는 강요와는 차원이 다르다. 계약하려는 욕구가 크다.

　셋째, 경쟁에서 절대로 지지 않는다. 고객이 타사 제품이나 다른 세일즈맨 사이에서 고민해도 절대로 내주지 않는다. 어떻게든 자사와 자신의 제품으로 끌어온다. 어떤 경우라도 그냥 넘어가지 않는다. 대처를 잘하고 설득 지점을 찾아내 고객의 마음을 돌려놓는다.

　고객은 주도적인 세일즈맨을 절대적으로 신뢰한다. 성공하는 세일즈맨은 먼저 일어나 인사하고 적극적으로 자신을 소개하고 고객의 질문을 적극 경청해 답하고 적극적으로 제품을 설명한다. 주도적인 세일즈맨은 고객을 이끄는 상담, 이기는 상담을 한다. 고객의 뒤를 졸졸 따라다니지 않는다. 그는 욕심이 있고 적극적이며 아무것도 두려워하지 않는다.

3. 마무리 단계에서 신뢰 쌓기

무대 위의 스타는 세상 모두가 부러워하는 존재다. 하지만 쇼가 끝나고 무대 아래로 내려오면 화려함은 그 어디에도 없다. 스타는 극도로 외로워지고 혼자가 된다. 때로는 그것을 견디지 못해 안타까운 결정을 하기도 한다.

고객도 그런 스타 근성을 가지고 있다. 당신은 매장을 찾아온 고객을 최고로 모신다. 고객의 말에 귀 기울이고 질문에 성심성의껏 답힌다. 따뜻한 차도 대접하고 미소를 지으며 친절히 대한다. 고객은 스타가 된 것 같은 우월감을 느낀다. 그런데 고객은 아직 결정을 못했다. 고객은 미안한 마음이 든다. 상담을 마치고 헤어지는데 처음과 다른 세일즈맨의 냉랭한 시선이 느껴진다. 마지막 모습은 시큰둥하다.

고객은 그 순간 외로워지고 허탈해진다. 마치 무대 아래의 스타처럼. 고객은 지금까지 최선을 다했는데 왜 제대로 마무리를 못하는지 안타까움을 느낀다. 고객이 지금 매장을 나가는 것은 아직 고민이 남아 있기 때문이다. 고객은 마음속으로는 결정했지만 귀가해 가족과 상의할 수도 있다. 다음 달 적금 탄 후 사기 위해 지금 당장 결정을 못 했을 수도 있다. 지금 그냥 나간다고 끝난 것이 아니다. 따라서 마무리에서 '고객님 잘 가세요.', '진짜 귀찮게 하네.'라는 작별인사 같은 느낌이 나서는 안 된다. 그럼 고객은 진짜 마지막이라고 인식한다. 끝이 아니라 연결되어 있다는 느낌을 주어야 한다. 이렇게 인사해보자.

- "고객님, 검토해보시고 꼭 다시 연락주세요."

- "고객님, 기다리겠습니다."

- "고객님, 관련 자료 보시고 궁금하신 점 있으면 언제든지 전화주세요!"

- "고객님, 또 뵙겠습니다."

- "고객님, 좋은 인연으로 다시 뵙겠습니다."

그렇게 헤어진 후 고객에게 문자를 보내 긍정적인 부담감을 한 번 더 줘라. "고객님, 오늘 날씨가 무척 추운데 저희 매장을 방문해주셔서 정말 감사합니다."라고 말이다. "들어오는 고객에게는 3발자국 마중 나가고 나가는 고객에게는 7발자국 나가 배웅하라."라는 일본 상인의 철칙도 있지 않은가. 막상 물건을 팔려 할 때는 간이라도 빼줄듯 하다가 배웅에 소홀하면 고객은 배신감을 느끼게 마련이다. 화장실 들어갈 때와 나갈 때가 다른 사람처럼 말이다.

4. 계약 후에 신뢰 쌓기

고객의 심리는 정말 재미있다. 단순한 이유 때문에 계약서에 서명하기도, 안 하기도 한다. 고객의 심리를 알면 상담에 큰 도움이 된다. 재미있는 것은 구매 전후에 고객의 심리가 다르다는 점이다. 구입 전에 고객은 의심을 많이 한다. 맨 먼저 '과연 이 제품이 괜찮을까?', '타사 제품도 알아봐야 하는 거 아닐까?'라며 제품을 의심한다. 두 번째로 세일즈맨을 의심한다. '과연 이 직원을 믿고 구입해도 될까?', '다른 직원의 상담을 더 받아야 하는 게 아닐까?', '괜히 이 직원에게 구입하고 후회하진 않을까?'라고 생각한다. 처음에는 구입 결정을 하는 데 고민을 하지만 구매 결정 후에는 감정이 반대로 바뀐다. 일단 결정했으므로 고객은 의심을 모두 떨치고 스스로에게 최면을 건다. '이 제품은 좋을 거야.', '저 세일즈맨은 정말 잘 파는 직원일 거야.', '난 정말 잘 구입한 거야.'와 같이 말이다. 거기에는 나름의 이유가 있다. 구매 결정 후 '아! 잘못 샀다.'라고 생각하면 속상하기 때문이다.

쇼핑몰에서 물건이 좋다고 생각해 구입했는데 다음날 10% 추가할인을 하면 속이 쓰리다. 방금 전 주유소에서 ℓ당 1,850원에 휘발유를 넣은 후 다음 주유소가 보이면 단가를 눈여겨본다. 그보다 높으면 고객은 서둘러 넣길 잘했다고 생각한다. 그 곳을 선택한 자신을 기특하게 여긴다. 그것이 속편하기 때문이다. 고객은 구매하기로 결정했지만, 속마음은 아직 불편해 애써 외면하려고 할 수도 있다. 이 때 세일즈맨은 그런 고객의 마음을 알아봐야 한다. 그렇다면 어떻게 해야 고객이 느끼는 불안감을 지울 수 있을까?

며칠 전 길을 가다 진열장의 빨간색 상의를 발견하곤 굳이 살 의향은 없었지만 시간이 남아 매장에 들어갔다. 그냥 한 번 가까이서 보려는데 직원이 부담 갖지 말고 입어보라고 했다. 막상 입어보니 생각보다 맘에 들어 그냥 구입하기로 했다. '너무 섣부른 판단 아닐까? 나중에 후회하지 않을까?'라며 옷을 가지고 계산대로 향하는데 뒤에서 점원이 "고객님. 빨간색이 너무 잘 어울리시네요. 오늘은 20% 세일을 하니 정말 좋은 기회에 구입하시는 겁니다!"라고 말하는 것이 아닌가. 그 순간 나는 '아, 맞아! 그렇지? 내가 잘 사는 거지?'라는 유쾌한 마음으로 기꺼이 지불했다.

세일즈맨은 이처럼 고객의 불안한 마음을 잠재워야 한다. 고객이 계약서에 서명했다고 안도하지 말고 긍정적인 말로 고객을 편하게 해주어야 한다. 이렇게 말해보자.

• "고객님, 정말 좋은 기회에 구입하셨습니다."
• "고객님, 정말 운이 좋으세요. 여태껏 이런 세일은 없었습니다. 마침 재고도

있고요."

- "고객님, 정말 후회하지 않으실 겁니다."

- "고객님, 정말 현명한 선택하셨습니다."

- "고객님, 다시는 이 조건에 구입하지 못하실 겁니다."

- "고객님, 절대 후회하지 않으실 겁니다."

- "고객님, 탁월한 결정이십니다."

다음과 같은 칭찬도 좋다.

- "고객님, 물건 보시는 눈이 정말 탁월하세요."

- "고객님, 결정이 무척 시원시원하신데요."

이때 반드시 열정적인 눈빛과 확신에 찬 어조로 말해야 한다. 그 말을 듣는 순간 고객은 불안감을 지우고 편한 마음으로 구매 절차를 밟을 것이다.

특정 행동 후 선택과 일관된 행동을 심리학에서는 '일관성 법칙'이라 한다. 고객은 제품을 구입하고 나면 제품과 세일즈맨을 신뢰할 가능성이 더 높아진다는 것이다. 바로 그때 지속적으로 신뢰를 쌓으면 고객과 더 단단한 관계를 구축할 수 있다.

모 자동차 판매업체의 조사에 따르면 고객의 목소리VOC를 분석했더니 가장 많은 아쉬움을 표현한 부분이 바로 사후관리였다고 한다. 내용은 거의 비슷했다. "처음에는 간이라도 내줄듯 하더니… 화장실 들어갈 때와 나올 때가 다르네요.", "5천 원짜리 국밥을 팔아도 그렇게는 안할 것 같은데", "이전 서비스가 가식이라는 것을 알았습니다." 등의 얘기를 많이 했다고 한다. 판매 후 아무 연락이 없는 것은 고객에게 배신이다.

판매 후 고객과 소통을 잘하면 효과는 배가되지만 잘 못했을 때 고객은 어떤 마음일까? 처음에는 "바쁜가? 그럴 사람이 아닌데?"라고 생각한다. 아직까지 세일즈맨에 대한 좋은 감정이 남아 있기 때문에 왠만하면 이해하려고 노력한다. 하지만 며칠이 지났는데도 연락이 없으면 고객은 2단계로 넘어간다. 이전 서비스와 전혀 다른 사후관리에 이질감을 느낀다. 그래도 그때까지는 포기하지 않는다. 그다음 마지막 3단계를 지나면 고객은 "이제 끝난 거구나!"라며 관계를 정리한다. 그래야만 심적으로 훨씬 편하기 때문이다.

5. DM 발송이나 택배로 신뢰 쌓기

DM 발송은 고전적인 세일즈 방식이다. 그만큼 기본적인 업무이기도 하다. 시대가 급변하고 신속한 성과를 기대하는 세일즈 환경에서도 성공한 세일즈맨들은 DM이 성공의 시작임을 증명하고 있다. 지금은 세일즈에서도 SNS가 큰 역할을 하고 영향력도 작지 않지만, 그래도 DM의 영향력은 여전하다. 장년층이나 아날로그에 익숙한 사람들에게는 아직도 편지로 여기는 DM이 익숙하기 때문이다. 물론 그렇다고 우편함에 들어오는 모든 소식지를 무조건 펼쳐보는 것은 아니다. 고객은 수많은 DM 중 관심 있는 것만 열어보기 마련이다.

예를 들어 세금 고지서, 전기료 청구서, 관공서나 금융기관의 우편물은 주의 깊게 살펴보지만, 광고 목적이거나 특히 '고객님', '세대주님', '사장님'처럼 특정 수취인을 지정하지 않은 우편물은 그냥 버리기 일쑤다. 그러므로 세일즈맨은 자신이 보내는 DM을 고객이 열어볼 수 있도록 고민해야 한다. DM은 고객에게 신뢰감을 주는 수단이다. 그러므로 어떤 내용을 넣더라도 꾸준히 지속적으로 보내 성실함을 보여주는 것이 중요하다. 그렇다고 반복적으로 보내기만 하면 안 된다. 다음과 같이 차별화된 방법이 필요하다.

① 계절별로 다른 봉투를 사용한다.
 · 봄: 노랑, 연두(새싹이 돋는 귀여운 느낌)
 · 여름: 파랑(시원한 바다가 연상되는 느낌)
 · 가을: 주황(단풍이 연상되는 느낌)
 · 겨울: 분홍(추위를 잊을 따뜻한 느낌)
② 겉봉투는 정성이 담긴 손 글씨로 쓴다.
③ 아이디어 넘치는 소품을 넣어 관심을 유발한다.(예: 건강 체크, 휴대폰 전자파 방지용 스티커 등)

사실 고객의 관심을 끌 만한 DM을 보내는 것은 그리 만만한 일이 아니다. 세일즈맨 각자의 독특한 세일즈 방법이 있으므로 DM을 활용하지 않을 수도 있다. 하지만 우리나라처럼 정서적 측면을 중시하는 환경에서는 세일즈맨이 실력만으로 살아남기란 여간 어려운 일이 아니다. 고객들이 세일즈맨을 평가할 때 상품지식이나 상담능력 같은 것보다 성실과 끈기를 더 중시하고 신뢰하기 때문이다. 이런 상황에서 DM은 고객에게 성실함과 끈기를 보여주는 좋은 방법이 된다.

또한 택배도 고객과 신뢰를 쌓을 수 있는 좋은 방법이다. 고객에게 자신을 기억시키고 감동을 전달할 때 상당히 쓸모 있다. 택배는 작은 선물로 일상의 소소한 감동을 줌으로써 고객의 마음을 움직인다. 당신도 뜻하지 않은 택배를 받아보고 미소 지어본 경험이 있을 것이다. 고객들은 직접 주는 선물을 받으면 웬지 요구를 들어주어야만 할 것 같은 부담감에 불편해하지만 택배로 받으면 오히려 선물이 주는 감동을 느낄 수 있어 큰 효과를 볼 수 있다. 추천할 만한 택배 물품으로는 다음과 같은 것이 있다.

① **부럼 세트**: 정월 대보름 땅콩과 호두를 복주머니에 담아 보냄
② **학용품 세트**: 3월 입학 시즌(서울대 노트)
③ **맥주 세트**: 휴가철 맥주와 과자
④ **추억 세트**: 라면과 양푼 냄비

고객의 마음을 얻기는 정말 어렵다. 연령, 성별, 직업, 환경, 취향 등이 모두 다른 고객들에게 신뢰를 쌓기 위한 세일즈맨들의 노하우도 각기 다를 것이다. 그러나 한국인의 정서적 부분을 배제하고 세일즈를 하기는 쉽지 않다. 많은 세일즈맨들이 자신과 자신의 회사, 자신의 상품이 최고가 되길 바라겠지만, 그것만으로 고객에게 감동을 선사해 신뢰를 쌓기란 쉽지 않다.

첫인상을 결정하는 요소

고객에게 전문가다운 모습을 보이기 위해 갖추어야 할 첫 번째 요소는 당연히 외모다. 보기 좋은 떡이 먹기도 좋은 것처럼 정돈된 모습은 고객에게 기본적인 예의이며, 첫인상에서 신뢰감을 높이는 가장 기본적인 요소이다. 눈에 띄는 색상이나 노출이 심한 복장, 너무 짧은 여성용 스커트, 과도한 화장, 화려한 액세서리 등을 한다면 세일즈맨의 능력이나 실력을 고객에게 보여주기도 전에 외면당할 수 있다.

과거에 남성 세일즈맨은 무조건 흰 셔츠에 넥타이 맨 모습이었지만, 최근에는 다양한 색상의 셔츠와 노타이No Tie가 오히려 친근감과 부드러운 이미지를 주어 고객을 편하게 해줄 수 있다. 여성도 마찬가지다. 젊은 고객층과 상담할 때는 무조건 스커트나 바지 정장만 고집하지 말고 가볍고 감각적인 옷차림으로 친구 같은 편안한 분위기를 만들어야 한다. 그래야 상담을 자연스럽게 이끌고 나가 좋은 결과를 얻을 수 있다.

만약 50대 초반의 생산직 고객을 소개받아 보험 상담을 하러 간다면 소개자로부터 고객의 경제 상황 등을 파악하고 최대한 수수한 옷차림과 가벼운 화장만으로 찾아가야 고객이 부담스러워하지 않는다. 이처럼 고객을 방문할 때 첫인상은 세일즈 성과를 높이는 데 지렛대 역할을 하고, 고객과 지속적인 관계를 맺는 1차 관문이 된다.

1. 외모

훤칠한 키, 예쁘고 잘생긴 얼굴, 균형 잡힌 몸매라면 살아가는 데 여러 모로 유리하다. 잘생긴 사람은 유능하고 머리도 좋고 착할 것이라고 추측하는 것을 '외모의 후광효과'라고 한다. 성형 사업이 성행하는 것은 좋은 외모가 그만큼 사회생활에 유리하기 때문이다. 심지어는 외모가 매력적인 교수는 학생들로부터 좋은 강의 평가를 받고 외모가 멋진 변호사는 많은 고객을 끌어들여 수임료를 더 많이 받는다는 조사 결과도 있다. 영업직 종사자에게도 좋은 외모가 고객의 호감을 얻는 데 유리할 수 있다. 여성이든 남성이든 매력적인 외모의 소유자에게 끌리는 건 어쩔 수 없는 일이다.

그렇다면 고객에게 호감 주는 외모란 어떤 것일까? 사실 외모의 대부분은 타고나지만 아무리 잘난 외모도 고객에게 호감을 주도록 가꾸어야 한다. 먼저 옷차림에 신경 써야 한다. 사람들은 옷차림으로 상대방의 직업, 사회적 지위를 추측하고 믿을 만한지 아닌지도 판단한다. 다음 기사는 우리나라에서 옷차림이 첫인상에 얼마나 큰 영향을 미치는지 단적으로 보여준다.

취업 포털 '사람인'이 기업의 인사담당자 231명을 조사한 결과, 옷차림 때문에 면접에서 지원자를 탈락시킨 적이 있다는 응답자가 전체의 48.1%에 달했다. 기업 형태별로는 대기업 76.9%, 공기업 75%, 중소기업 57.9%, 외국계 기업 37.5%로 나타났다. 인사담당자들은 남성 지원자의 '꼴불견 옷차림' 1순위로 세탁하지 않은 옷(52.8%)을 꼽았다. 여성 지원자의 경우, 과도하게 노출된 상의(68.8%), 요란한 액세서리(56.3%)가 좋지 않은 인상을 주는 옷차림으로 지적받았다.

– 연합뉴스

세일즈맨은 상황에 맞게 입어야 하고 만나는 사람에 따라 다른 옷을 입어야 한다. 하지만 기본적으로는 보수적이어야 한다. 여성이라면 특히 그렇다. 야하거나 노출이 심한 복장은 고객의 시선을 끌 수는 있어도 호감을 얻을 수는 없다. 어깨나 배꼽이 드러나고 가슴골이 보이는 옷이나 지나치게 짧은 치마는 피하는 것이 좋다. 치마는 약간 긴 것이 좋다. 치마 끝이 다리의 가장 가는 부분에 닿는 것이 가장 예뻐 보인다. 종아리와 무릎 경계선이 가장 우아한 곡선을 이루기 때문이다. 일자 치마는 무릎을 덮는 정도가 좋다. 스커트 무늬가 너무 요란한 것은 전문적 이미지와 거리가 멀다. 폭이 너무 좁은 치마도 안 좋다.

액세서리는 한 가지를 해도 값나가는 것을 하되 너무 크거나 현란하면 역효과가 난다. 액세서리가 싸구려라는 인상을 받으면 세일즈맨도 형편없고 취급하는 제품도 품질이 떨어질 것이라고 생각한다. 커서 안 좋은 것은 핸드백도 마찬가지다. 가방은 적당한 크기에 내부는 잘 정돈되어 있어야 한다. 화장은 엷고 자연미가 돋보이는 것이 좋다. 짙은 화장은 영업에 도움이 안 된다. 머리 모양도 단정해야 한다. 요란스런 머리 모양으로는 고객의 호감을 얻을 수 없다. 성공한 사람들은 머리카락이 짧다는 사실을 명심하라. 영업직 여성은 굽이 없거나 너무 높은 신발은 피하고, 적당한 높이의 힐을 신어야 한다. 잘 관리하지 않은 신발은 부정적인 인상을 준다.

남성이라면 턱수염과 코털 정리를 잘해야 한다. 지저분하면 첫인상이 좋지 않다. 머리도 길면 좋지 않다. 깨끗하고 단정하게 손질하고 혹시 비듬이 떨어지지는 않는지 항상 확인해야 한다. 머리를 바짝 세우거나 뒤로 넘기는 '올백머리'로는 고객의 호감을 얻기 어렵다. 바지는 발등에 닿을 정도여야 한다. 끌리거나 양말이 보일 정도로 짧으면 안 된다. 남성에게 시계나 반지 외에 귀걸이, 목걸이, 팔찌 등의 액세서리는 금물이다. 남성이 가장 신경 써야 하는 것은 넥타이다. 훌륭한 타이를 매는 것은 매우 중요하다. 남성 복장에 대해 더 많이 알고 싶은 세일즈맨에게는 존 티. 몰로이의《성공하는 남자들의 옷차림》을 권한다.

여성이든 남성이든 고객의 시선이 화장이나 액세서리로 먼저 가면 잘못된 것이다. 친근한 인상을 주는 옷차림이 세일즈맨에게 맞다. 여성이든 남성이든 표준 체중보다 20% 넘게 나간다면 고객의 신뢰를 얻을 수 없다. 좋은 몸매는 영업에 유리하다. 그리고 정장이나 코트를 입으면 바깥주머니에 아무것도 넣지 마라. 휴대전화, 자동차 열쇠, 손지갑 등은 모두 가방에 넣고 고객을 만나라. 외모는 전체적으로는 평범하고 눈에 잘 안 띄는 보수적인 모습이 유리하다. 개성 있는 외모는 고객에게 주목은 받을 수 있겠지만 영업에는 불리하다. 세일즈맨은 고객의 시선뿐 아니라 마음도 잡아야 한다.

2. 표정

"27살 때 학교를 마치고 세일즈에 뛰어들었어요. 솔직히 처음부터 잘 될 리가 있었겠습니까? 모든 게 어색하고 쭈뼛쭈뼛…. 안 되겠다 싶어 먼저 요령 있

- 조선일보

웅진그룹 윤석금 회장의 말이다. 인상이 좋아지니 영업 시작 첫해 세계 1위를 차지했다고 한다. 그 후 윤 회장은 영업 분야에서 승승장구해 연 매출 3조 원에 육박하는 그룹을 일구었다. '밝은 인상'이 큰 역할을 했음은 두 말할 나위가 없다.

세일즈맨이라면 한 번쯤 행인들에게 홍보지를 나누어 준 경험이 있을 것이다. 받아가는 사람도 있지만 귀찮다는 표정으로 안 받아가는 사람도 있다. 안 받아가는 사람들의 표정에는 '차갑다', '거만하다', '도도하다', '심술궂다', '잘난 척 한다'는 공통점이 있다. 만약 세일즈맨의 표정이 이렇다면 어떨까? 제품 이야기를 꺼내기도 전에 고객은 마음의 문을 닫아버릴 것이다.

좋은 표정은 타고나는 것이 아니라 만들어진다. 연습으로 가능하다. 맨 먼저 책상이나 식탁에 탁상용 거울을 하나 놓자. 그리고 거울을 보며 웃는 연습을 해보라. 이런저런 표정을 짓다 보면 멋있어 보이고 고객에게 신뢰를 주는 자신만의 표정을 찾아낼 수 있다. 그럼 그 표정을 집중적으로 연습하면 된다. 양치질할 때나 화장실에서도 거울을 보며 표정 연습을 할 수 있다. 양 볼이 얼얼해질 때까지 반복하다 보면 그 표정을 외우게 되고 어느 순간부터 자신도 모르게 그 표정이 지어진다. 속상하거나 기분 나쁜 일이 생겼을 때도 그 표정을 지을 수 있다. 놀라운 것은 웃는 표정을 지을수록 기분이 안정되고 마음이 편해진다는 사실이다.

좋은 표정을 결정하는 것은 눈, 코, 입인데 웃는 연습을 하다 보면 그 모양이 바뀌면서 좋은 인상을 갖게 된다. 즉, 콧방울이 탄력 있게 발달하고 식록코와 윗입술 사이이 두툼해지며 광대뼈가 발달하고 입꼬리가 올라간다. 인상학人相學 분야의 개척자인 주선희 씨에 따르면 이런 얼굴은 재복과 명예가 있는 상이다. '웃으면 복이 온다.'라는 말이 사실인 것이다. 당신의 외모가 매력적이지 않더라도 실망할 필요는 없다. 한 연구에 따르면 자주 찾아가 얼굴을 자주 보여줄수록 더 매력적으로 보인다고 한다. 생김새를 고치려면 많은 비용이 들지만 표정은 노력하면 얼마든지 고칠 수 있다.

뇌 과학자들이 밝혀낸 거울신경 세포는 세일즈맨들이 왜 미소를 지으며 밝은 표정으로 고객을 만나야 하는지 충분한 증거를 보여준다. 우리는 TV드라마나 영화에서 잔인한 장면이 나오면 얼굴을 찡그린다. 반면, 웃는 얼굴이나 재미있는 장면을 보면 미소를 짓는다. 그것을 가능하게 만드는 것이 바로 우리 뇌 속의 거울신경 세포다. 그것 때문에 당신이 미소를 띠고 활기찬 모습을 보이면 고객도 미소를 짓는 것이다.

처음 영업을 시작하면 마음의 상처를 입기 마련이다. 자존심 상하는 일을 겪거나 까다로운 고객을 만나거나 이해할 수 없는 고객 때문에 속상할 때에는 다음에 나오는 은은한 미소 7단계가 도움이 될 것이다. 거울을 보며 연습한 자신만의 멋진 표정을 만들어보라. 마음속의 분노와 속상함이 사라질 것이다.

- 은은한 미소 7단계

1. 아침에 일어날 때: 눈을 뜰 때 '미소'를 떠올릴 뭔가를 정해둔다. 침대에서 일어나기 전 몇 초 동안 이런 시간을 갖는다. 부드럽게 숨을 3번 들이마시고 내쉰다.

2. 자유 시간이 주어질 때: 앉아 있든 서 있든 어디서든 은은한 미소를 짓는다. 그리고 조용히 3회 동안 숨을 들이마시고 내쉰다.

3. 음악을 들을 때: 하루에 음악 한 곡을 2~3분 동안 듣는다. 다른 생각에 빠지지 말고 음악의 가사. 운율. 리듬. 감정에 집중한다. 자신이 숨을 들이마시고 내쉬는 것을 관찰하면서 은은한 미소를 짓는다.

4. 신경질 날 때: '지금 신경질이 나 있다!'라는 생각이 들 때마다 은은한 미소를 짓는다. 그러면서 조용히 3회 숨을 들이마시고 내쉰다.

5. 누울 때: 매트리스나 베개가 없는 평평한 곳에 등을 대고 눕는다. 두 팔을 느슨하게 내려놓고 두 다리는 약간 벌린 채 호흡하면서 은은한 미소 짓기를 계속한다.

6. 앉은 자세에서: 등을 꼿꼿이 세우고 바닥이나 의자에 앉아 은은한 미소를

3. 자세와 걸음걸이

"사람의 진면목을 잘 말해주는 것은 말이 아닌 행동이다. 말은 기만적이다. 그래도 사람들은 말하면서 자신도 모르는 사이에 남들에게 성격을 드러낼 때가 많다."

《유혹하는 글쓰기》에서 스티븐 킹이 한 말이다. 무의식중에 한 행동으로 사람을 판단할 수 있다는 뜻이다. 태도와 자세에서 어깨는 자신감을 나타낸다. 자신감과 에너지가 넘치고 자신의 분야에서 잘 나가는 사람은 어깨를 쫙 펴고 힘이 들어간다. 어깨가 처지면 되는 일이 없다. 세일즈맨이 처진 어깨로 고객을 만난다면 좋은 인상을 줄 수 없다. 하루 종일 뛰어다녔지만 성과가 신통치 않더라도 어깨를 펴면 다시 자신감이 생긴다. 어깨에서 이어져 내려오는 등은 우리 몸의 기둥이다. 앉아 있거나 서 있거나 걸을 때 어깨를 쫙 펴고 등을 곧게 세워야 미래가 밝다. 등이 구부정하면 인생이 비굴해진다. 기운 없이 몸을 축 늘어뜨린 자세로 아래를 내려보거나 경직된 자세로 서 있거나 앉은 모습도 상대방에게 부정적으로 보인다.

자세와 걸음걸이에서 몸매는 큰 비중을 차지한다. 적당한 몸매는 첫인상을 돋보이게 한다. 심리학자 울리스의 연구에 의하면 비만인 사람은 일반적으로 게으르고 나태하다는 첫인상을 준다고 한다. 사교와 비즈니스에서 불리할 수밖에 없다.

자신감과 에너지는 걸음걸이에도 나타난다. 주선희 씨는《얼굴경영》에서 "걸음은 성격을 반영하며 성격이 나타난 걸음은 운에 영향을 미친다."라고 말했다. 가슴을 쫙 펴고 걷는 사람은 무슨 일을 하든지 강한 운이 따르고 사생활도 행복하다. 가슴을 오그리고 걷는 사람은 자신감이 약하며 운기도 나약하다. 고개를 숙인 채 맥없이 터덜터덜 걷는 걸음, 어깨와 팔을 흔들며 걷는 걸음, 턱을 쳐들고 걷는 걸음, 총총걸음으로 바삐 걷는 걸음, 엉덩이를 뒤로 쑥 빼고 걷는 걸음, 엉덩이를 좌우로 흔들며 걷는 걸음, 발을 질질 끌며 걷는 걸음, 넘어질듯 급히 앞으로 쏠리며 걷는 걸음, 발소리가 큰 걸음, 도둑고양이처럼 인기척 없는 걸음은 모두 나쁜 걸음이다.

세일즈맨이라면 일부러라도 경쾌한 걸음걸이를 해야 한다. 만나러 가는 발걸음이 경쾌하면 고객을 대할 때 좋은 기분으로 대할 수가 있다. '멘탈 워킹Mental Walking'이라는 말이 있다. 발걸음이 사람 심리에 영향을 미친다는 뜻이다. 따라서 태도, 자세, 걸음걸이에 좋지 않은 버릇이 있다면 고쳐야 한다. 버릇은 너무 익숙해 본인이 잘 모를 수도 있다. 주변 사람에게 혹시 눈에 거슬리는 버릇이 있으면 알려달라고 부탁해보라. 하찮게 생각하는 버릇 때문에 첫인상을 망칠 수는 없지 않겠는가.

4. 악수

모임이나 행사에 가면 악수를 많이 한다. 이때 느낀다. 악수하는 모양도 여러 가지라는 것을. 나와 악수하면서 뒷사람과 인사하는 사람, 손을 힘없이 잡는 사람, 손가락 끝으로 악수하는 사람, 눈은 안 마주치고 고개 숙여 손을 쳐다보는 사람 등등. 이런 악수라면 오히려 안하는 게 낫다. 상대방의 기분만 망칠 뿐이다.

기운 없이 악수하는 사람은 내성적이고 자신감이 없는 사람이다. 그런 사람들은 상대방을 존중하지 않고 마지못해 악수한다는 인상을 줄 수 있다. 힘없는 악수는 상대방에게 부정적인 첫인상을 줄 수 있다. 힘차게 악수하며 다정하게 말을 건네는 것이 가장 훌륭한 악수다. 외향적이고 개방적인 사람들은 힘차게 악수한다. 좋은 악수는 고객에게 자신감과 긍정적인 인상을 심어줄 수 있다. 여성의 경우 자신보다 키와 덩치가 큰 남성과 악수할 때는 너무 가까이 서지 않는 것이 좋다. 악수할 때 몸이 흔들릴 수도 있기 때문이다. 다음은 세일즈맨이 명심할 악수 방법 7가지다.

1. 너무 세게 잡거나 너무 힘없이 잡지 말라. 특히 악수하면서 상대방을 끌어당기지 않도록 주의하라.

2. 두 손으로 움켜잡거나 왼손으로 상대방의 팔뚝을 잡지 말라. 한두 번 만난 사람이나 전화로 여러 차례 인사를 나눈 사이라면 반가움을 표시하는 방법으로 내 오른손과 맞잡은 상대방의 오른손을 내 왼손으로 부드럽게 감싸는 것이 좋다. 단 처음 만나는 사람에게는 그렇게 하지 마라.

3. 상대방과 반드시 눈을 맞추고 치아가 보일 정도로 살짝 미소지으며 따뜻하게 인사하라. "만나서 반갑습니다.", "뵙게 되어 영광입니다."와 같은 인사말이 좋다.

4. 손을 두 번 이상 흔들지 말고 2~3초 이상 길게 잡지 마라.

5. 손에 땀이 나 축축하거나 너무 차가운 상태로 악수하지 마라. 손은 따뜻해야 한다.

6. 오른손에 반지를 낀 채 악수하지 마라. 상대방에게 상처를 입힐 수도 있다.

7. 손끝만 잡는 악수는 하지 마라. 무성의하게 보인다. 부드럽게 손 전체를 감싸 쥐는 것이 좋다.

위의 7가지 악수 방법을 읽었다고 해서 모두 안다고 생각하지 마

라. 확실히 몸에 배도록 연습하라. 먼저 거울 앞에 서라. 상대방에게 악수하듯이 손을 내밀어보라. 표정은 밝은지, 눈은 상대방을 보는지, 미소는 띠는지, 적당한 강도로 쥐었는지, 인사말은 따뜻하게 나오는지 확인해보라. 악수로 좋은 첫인상을 심어주면 그만큼 구매 가능성도 높아진다고 생각하라. 연습시간이 투자라고 생각하고 확실히 하라.

5. 명함

명함은 얼굴이다. 세일즈맨이라면 항상 명함을 지니고 있어야 한다. 명함이 없는 상태로 고객을 만나면 좋은 인상을 줄 수 없다. 명함은 반드시 명함지갑에서 꺼내야 한다. 흔히 주머니나 지갑에서 꺼내는데 그것은 실례다. 명함은 상대방이 읽기 쉬운 방향으로 전달하고 명함을 받았으면 명함을 한 번 보고 상대방의 얼굴을 확인해야 한다. 그래야 나중에 기억할 수 있다. 받은 명함을 구기거나 명함 위에 메모하는 것은 큰 실례다. 명함은 얼굴이라는 사실을 명심하라. 어떻게 얼굴 위에 메모를 할 수 있겠는가. 만난 사람을 쉽게 기억하기 위해 그의 특징을 메모하려면 헤어진 후에 하라.

명함을 상급자에게 먼저 내미는 것은 실례다. 또한 모임 참석자들에게 명함을 돌리는 것도 격을 떨어뜨리는 행동이다. 원하는 사람에게만 주어야 한다. 식사 중에는 명함을 주면 안 된다. 상대방이 명함을 달라고 요청하지 않으면 꺼내지 마라. 말하진 않더라도 명함을 원하는 눈치라면 "제 명함 한 장 드려도 되겠습니까?"라고 질문하라. 명함은 항상 깨끗하고 구겨지지 않은 것을 준비해야 한다. 연락처가 바뀌었는데도 새로 만들지 않고 볼펜으로 지우고 다시 써넣은 명함은 비즈니스에 좋지 않다. 명함을 주고받는 올바른 방법은 다음과 같다.

1. 반듯이 서서 상대방보다 먼저 내민다.
2. 상대방이 읽기 쉽도록 상대방 쪽을 향해 오른손으로 내민다.
3. "○○○입니다. 반갑습니다(처음 뵙겠습니다)."라고 말하며 악수를 청한다.
4. 이름을 밝히지 않고 "이런 사람입니다."라고 말하는 것은 실례다.
5. 상대방이 명함이 없어 당황하면 괜찮다고 먼저 말한다.
6. 상대방의 명함은 두 손으로 공손하게 받는다.
7. 동시에 교환할 때는 한 손으로 한다.
8. 명함을 받으며 "감사합니다." 또는 "고맙습니다."라고 말한다.
9. 받은 명함은 잠시 확인한다.
10. 여러 사람과 만났을 때는 지위가 높은 사람과 먼저 교환한다.
11. 상대방을 세워놓고 명함을 찾거나 명함을 꺼내기 위해 시간을 지체하는 것은 실례다. 만나기 직전 명함지갑에서 한 장을

꺼내 접히는 공간에 끼워두었다가 바로 전해준다.

비즈니스에서 명함의 중요성이 커지면서 명함에 개성을 표현하는 경우도 늘었다. 남들과 똑같은 그저그런 명함으로는 차별성이 없고 고객에게 강한 인상을 남길 수 없다.

6. 목소리

학창시절 라디오 음악 프로그램에 푹 빠져 그 시간만 손꼽아 기다리던 때가 있었다. 음악이 좋아서라기보다 DJ의 목소리가 너무 좋아 뜻도 모르고 멜로디만 흥얼거리거나 발음이 맞는지도 모르는 팝송을 따라 부르며 힘든 그 시절을 견뎠다. 1980년대 '밤의 디스크 쇼'의 DJ 이종환 씨는 이미 고인이 되었지만, 지금도 인터넷을 뒤져 그분의 따뜻하고 감미로운 말투와 나만을 위해 선물하는 것 같은 노래들을 찾아 듣곤 한다. 지금 생각해보면 이종환 씨의 목소리는 남녀노소 누구나 좋아했던 것 같다. 오래전부터 얼굴도 모른 채 오직 목소리만으로 알고 지낸 지인처럼 느껴졌다. 그것이 목소리의 힘이다.

우리는 하루에도 수없이 전화를 하거나 걸려오는 전화를 받는다. 모르는 번호로 걸려오는 전화도 많다. 얼마 전 평소 같으면 받지 않고 그냥 끊었을 전화인데 실수로 받게 되었다. 현재 사용 중인 신용카드에 기능을 추가해 새로운 카드로 발급해주겠다는 전화였다. 바쁘고 어수선한 상황에서 전화를 받아 바로 끊으려고 했지만 그럴 수가 없었다. 수화기를 통해 들려오는 목소리가 편하고 친절할 뿐만 아니라 적극적이었다. 내가 받을 혜택과 서비스를 안내하는데 카드를 교체하지 않으면 안 될 것 같은 기분이 들었다. 분명 그 전화는 마케팅이 목적이었지만 서비스 차원의 전화처럼 고객을 관리한다는 느낌을 받았다. 흔치 않은 경험이었다. 나는 목소리에서 신뢰를 느꼈던 것이다. 이처럼 목소리에는 상대방을 편하게 해주고 신뢰감을 주는 표정이 있고 노래가 있고 감정이 있다.

세일즈의 시작은 전화로 시작한다고 해도 결코 과언이 아니다. 물론 현장에서 바로 만나 시작하는 세일즈도 있지만 현대사회는 정보 유출에 민감해서 전화로 사전 약속을 하지 않으면 출입이 통제되어 만남 자체가 어렵다. 고객과의 상담 약속 전화를 보통 'TA_Telephone Approach'라고 부른다. 그렇다면 훌륭한 TA는 무엇일까? 어떻게 해야 훌륭한 TA를 할 수 있을까?

첫째, 그냥 편하게 얘기하라. 사람마다 타고난 목소리가 있다. '좋다', '나쁘다'로 단정 지을 수는 없다. 예를 들어 세일즈맨의 목소리가 좋다면 전화 한 통으로 무조건 고객과 약속을 정할 수 있을까? 반대로 목소리가 나쁘면 약속을 전혀 할 수 없을까? 그렇다면 처음부터 TA를 언급조차 하지 않았을 것이다. 목소리에는 표정이 있다.

좋은 목소리는 TA에 유리하지만 목소리는 어느 정도 타고나는 것이므로 쉽게 바꿀 수 없다. 다만 목소리의 높낮이, 강약, 속도, 침묵 같은 기술은 노력으로 극복할 수 있다.

만약 거절이 두려워 TA에 자신이 없다면 이렇게 해볼 것을 권한다. 먼저 책상에 얼굴이 모두 나올 만한 크기의 거울을 놓고 웃는 얼굴로 전화 통화를 시작한다. 얼굴이 웃으면 목소리도 웃는다. 그 모습 그대로가 상대방에게 전해진다. 해보지 않았다면 지금 당장 해보라. 분명히 상대방도 느낄 것이다. 그럼 고객은 친숙한 세일즈맨을 상상할 것이다. 자, 준비되었다면 자신 있게 수화기를 들어라.

TA할 때는 고객이 반드시 '예스!'라는 답변이 나오도록 유도하는 것이 중요하다. 예를 들어 "바쁘시죠?"라고 물으면 고객은 바로 "네!"라고 답할 것이다. 그렇다면 더 이상 통화를 이어갈 수 없다. 하지만 "바쁘시지만 정말 중요한 정보가 있는데 잠시 통화 괜찮으시죠?"라고 물으면 "네!"라는 답이 나올 확률이 높다. 보이진 않지만 호기심과 기대감을 주기 때문이다.

얼마 전 일이다. 회사에서 받은 DB고객 중 50대 중반의 남성 고객이 본사에 문의 전화를 한 이력이 있어 고객 서비스 차원에서 전화를 했다.

"○○○ 고객님, 안녕하세요? 저는 고객님께서 가입하신 □□보험 관리담당 △△△ FC입니다. 바쁘시겠지만 잠시 통화 괜찮으실까요? 갑자기 전화를 드려 불편하신 건 아니신지요? 저도 고민하다가 전화드렸습니다. ○○○ 고객님께서 본사에 문의 전화를 하시면 담당자인 저의 전산 프로그램이 통화 내용을 공유하게 됩니다. 궁금증은 해결되었을 것이라고 생각하지만 혹시 도움을 더 드릴 것은 없는지 확인차 전화 드렸습니다. 가끔 낯선 FC의 이런 전화를 부담스러워하는 경우가 있어 고민하다가 그래도 제가 명색이 담당 FC인지라 용기 내서 전화를 드렸습니다."

운이 좋았는지 그 고객은 "최근 FC로부터 전화를 받은 적이 없어 좀 불편하기도 했는데 △△△ 씨는 상당히 적극적이고 열심히 일하시는 분처럼 느껴져 편하네요. 궁금한 사항이 있었는데 안내 부탁드립니다."라며 호의적으로 대해주었다. 그 후 2~3번 더 전화로 상담했다. 필자는 전화 목소리가 좋다는 칭찬을 가끔 듣는다. 그런데 그것보다 자주 통화하는 지인이나 고객들로부터 듣는 가장 좋아하는 칭찬이 있다. '목소리를 들으니 기분이 좋아진다.', '목소리에 에너지가 있어 나까지 힘이 난다.'라는 것이다. 그만큼 목소리가 주는 신뢰는 실제로 고객을 만나는 것만큼이나 효과가 있다.

둘째, 전화의 목적을 분명히 하라. 친분 있는 지인이나 고객의 경우, 어렵지 않게 통화의 목적을 얘기할 수가 있다. 그러나 낯선 가망 고객과의 첫 통화는 긴장되기 마련이다. 오죽하면 세일즈맨들이 가장 어려워하고 피하고 싶은 것 중 하나가 안면 없는 고객과의 TA라고 말할까. 20여 년 세일즈 경력의 나도 회사로부터 DB고객을 받은 후 TA를 하기 위해 전화기를 들고 신호가 가는 순간, 가슴이 뛰고 제발 고객이 전화를 받지 않길 바라는 경우가 있다. 안 받으면 안도의 한숨을 내쉰다. 반면, 전화를 받으면 준비했던 말들은 까맣게 잊어버리고 의례적인 안부 인사와 함께 담당 FC인데 궁금하신 사항이 있으면 전화하라는 식의 내용이 전부인 경우도 있다. 전화를 끊고나면 '내가 도대체 뭘 한 거지?'라는 생각에 웃음밖에 나오지 않는다. 이런 전화를 받으면 내가 고객이어도 "네, 그렇군요."와 같이 영혼 없는 대답을 할 것이다.

사실 세일즈 경력이 짧을수록 고객에게 본질적인 내용을 피하는 경향이 있다. 하지만 당당하고 적극적으로 전화의 목적을 간단명료하게 말해야 고객이 세일즈맨의 의도를 오해하지 않고 전문가로 인식해 긍정적인 답을 유도할 수 있다. 그래야 TA의 목적을 달성할 수 있다. 친분이 없거나 얼굴을 보지 않더라도 자연스런 목소리로 정확하게 목적을 전달하면 고객이 신뢰하도록 만들 수 있다.

3

고객의 마음을 여는 칭찬

칭찬을 받으면 누구나 기분이 좋다. 고객을 처음 만났을 때 칭찬은 마음을 여는 마법의 힘을 발휘한다. 칭찬에 인색하면 좋은 성과를 낼 수 없다. 또한 요령 없는 칭찬은 물건을 팔아먹으려고 사탕발림을 한다는 인상을 주어 역효과를 불러올 수 있다. 칭찬에도 요령이 필요하다.

여성은 외모에 대한 칭찬을 좋아한다. 그러나 '예쁘십니다.' 정도로는 충분한 효과를 거둘 수 없다. 특정 부분을 딱 꼬집어 칭찬해야 효과가 있다. 고객의 귀고리가 흔히 볼 수 없는 것이고 외모와 어울린다는 생각이 들면 "오늘 귀고리가 정말 잘 어울리십니다. 어디서 사셨어요?"라는 식으로 칭찬해야 한다. 두 번째 문장인 "어디서 사셨어요?"를 보자. 어디서 샀는지 정말 궁금해서 묻겠는가. 단지 보기 드문 귀고리임을 강조하기 위해 질문한 것이다. 이렇게 질문으로 칭찬을 강조하면 고객을 더 기쁘게 만들 수 있다. 칭찬의 예를 몇 가지 더 들겠다.

- "참 아름다우신데, 그중에서도 눈이 정말 예쁘시네요."
- "파마가 잘 나왔네요. 어느 미용실에서 했어요?"
- "오늘 원피스가 정말 잘 어울리시네요. 어디서 사셨나요?"
- "사모님은 전체적으로 우아하신데, 특히 코가 참 예쁘시네요."

이렇게 외모를 칭찬한 후 성격이나 인품으로 범위를 넓혀가야 한다. 사람들은 외모와 어울리는 인품을 갖고 싶어 한다. 그래서 자기 내면에 어울린다고 생각하는 옷을 입고 화장을 하고 액세서리를 하는 것이다.

- "제가 상담하면서 느낀 건데 겉모습뿐 아니라 마음씨도 참 아름다우시네요."
- "사모님은 다른 사람을 배려하는 마음이 남다르신 것 같아요."
- "이렇게 좋은 집에 사시는 분들은 세일즈맨에게 안으로 들어오라는 말을 잘 안 하는데 이렇게 차까지 마시라고 주시니 정말 감사합니다."

○○지역은 은퇴하신 분들이 많이 사는 곳이다. 그분들 대부분

잘나가던 시절이 있었다. 그중 중학교 교장으로 정년퇴직한 분이 계시다. 우연한 기회에 알게 되었는데 귀를 살펴보니 그 연세에 나타나는 질환이 있었다. 특히 무릎과 엉덩이뼈가 많이 아프신 것 같았다. 그렇다고 대뜸 "무릎과 엉덩이뼈가 많이 아프시죠?"라고 질문하면 실례다.

우선 그분의 마음을 여는 것이 중요하다고 생각했다. "선생님은 그 연세에도 피부가 참 좋으세요. 평생 교직에 계셨으면 속상한 일도 많았을 텐데 참 대단하시네요. 교직을 천직이라고 하는데 선생님은 속 썩는 일 없이 즐겁게 일하셨나 봐요. 쉽지 않은 일인데 참 대단하시네요. 아이들을 가르치며 재미있는 일화 같은 거 있으세요?"라고 묻자 그분은 "맞아요. 재미있게 했어요. 아이들을 보면 지금도 좋습니다. 다시 학교로 돌아가고 싶을 때가 많아요."라고 말했다.

나는 "대단하시네요. 지겹다는 분들도 있는데…. 대한민국 선생님들이 모두 선생님처럼 사명감으로 아이들을 가르친다면 참 좋을 텐데 말이죠."라며 칭찬을 이어갔다. 칭찬을 싫어하는 사람은 없다. 마음이 많이 열린 듯해 "선생님, 무릎과 엉덩이뼈가 좀 편찮으시지 않으세요?"라고 질문했다. 그분은 잠시 멈칫하며 어떻게 알았냐고 물었다. 그 뒤의 결과는 뻔하지 않은가.

칭찬 한마디가 계약으로 이어지는 것은 물론 아니다. 그리고 고객에게 제품을 팔기 위해 마음에도 없는 칭찬을 하는 것은 옳지 않다. 고객들은 안다. 세일즈맨이 진심으로 대하는지, 물건을 팔기 위해 감언이설 하는지. 여성이 사업이나 직장생활, 봉사활동, 시민단체 활동 같은 사회활동을 활발히 하고 있다면 좋은 칭찬거리다. 누구나 자신이 유능한 사람으로 평가받길 원한다. 또한 자신의 사회활동, 봉사활동이 남들에게 알려지길 은근히 바라는 사람들도 있다. 그런 사람들에게는 다음과 같이 칭찬하라.

- "활발히 사업하는 여성분이 몇 분이나 되겠습니까? 저는 겁이 나 사업을 못하겠는데 참 대단하십니다. 사업을 어떻게 시작하시게 되었나요?"
- "저 살기도 바쁜 세상인데 지역에서 이렇게 훌륭한 일을 하시다니 참 대단하십니다. 많은 사람들이 회장님의 활동에 동참했으면 좋겠습니다. 보람도 많으시죠?"
- "여성이 바깥 활동을 하려면 많은 제약이 따르는데 참 대단하세요. 아이들도 그렇게 공부를 잘 한다면서요?"
- "돈 많고 시간 많다고 모두 봉사활동을 하는 게 아니잖아요. 회장님 같은 분들이 계시니 이 사회가 살 만한 거예요. 그렇게 봉사활동을 하시는 데는 남다른 이유가 있으실 텐데 여쭤봐도 될까요?

칭찬거리도 질문으로 마무리하는 것이 중요하다. 질문을 받으면 답해야 한다. 고객이 자연스레 자신을 자랑하도록 길을 터주는 것이다. 알아서 자랑하는 사람도 있지만 어느 정도 교양이 있으면 쉽게 자기 자랑을 하지 않으려고 한다. 그럴 때는 가망고객이 자연스럽게 자신의 이야기를 할 수 있도록 기회를 만들어주어야 한다. 가망고객이 자신의 경험담이나 활동 내용을 자연스럽게 말하도록 유도할 때도 질문이 필요하다.

- "아이 키우랴 직장생활 하랴 참 힘드셨을 텐데. 정말 대단하세요. 직장생활 하며 가장 힘들었던 순간은 언제입니까?"
- "남을 위해 봉사하는 일은 아무나 할 수 없잖아요. 그런데 이렇게 시간과 돈을 쓰며 봉사활동 하시는 분들을 보면 존경스럽습니다. 배려하는 마음이나 남을 위하는 희생정신이 없으면 힘들잖아요. 봉사활동을 시작한 계기가 있었나요?"
- "아이들을 가르친다는 게 정말 어렵잖아요. 사명감이 없으면 어떻게 하겠어요? 선생님을 괜히 천직이라고 하겠어요?"
- "아이들을 가르치다 보면 속상한 일도 많을 텐데. 선생님은 어떻게 이겨내시나요?"
- "남성들도 힘들어하는 사업을 여성이 한다는 게 쉽지 않았을 텐데, 대단하세요. 이렇게 사업을 하시게 된 동기가 있나요?"

이렇게 질문을 받으면 가망고객들은 자신의 이야기를 시작할 것이다. 이야기를 할 때 당신은 가끔 맞장구만 쳐주면 된다. "네, 그래서요?", "정말 대단하시네요.", "그다음은 어떻게 되었어요?"와 같은 말은 추임새가 되어 가망고객의 이야기에 신바람을 일으킬 것이다.

고객이 남성이라면 좀 다르게 칭찬해야 한다. 여성은 외모, 옷, 액세서리 따위를 먼저 칭찬하고 나서 성격이나 인품을 칭찬하지만, 남성은 반대로 해야 좋아한다. 남성은 외모보다 성격, 능력, 의지, 업적, 리더십 등을 칭찬하며 접근하는 것이 효과적이다.

- "사장님께서는 사업에 성공하신 특별한 비법이 있나요?"
- "회사에 들어서니 직원들 표정이 참 밝네요. 사장님께서 직원들에게 잘해주시나 봐요?"
- "버스 타고 오면서 사장님이 어떤 분일지 많이 궁금했는데 성격도 호탕하시고 참 멋지세요."

우연한 기회에 50대 후반의 부동산 업체 사장님을 알게 되었다. 부동산 사업으로 거액을 벌어 지역에서는 재력가로 알려진 분이셨다. 명함을 받아보니 명함 뒷면에 '○○대학교 경영대학원 졸업, ○○클럽 회원, ○○동창회 이사' 등이 빼곡했다. 한여름에도 항상 정장 차림에, 사무실에는 유력 인사들과 함께 찍은 사진과 감사패 등이 눈에 띄게 진열되어 있었다. 그런 사람들은 누구보다 칭찬에 약하다. 여기서 잠깐 아부와 칭찬을 구별해야 한다. 단지 상대방에게 잘 보여 이득을 취하려고 칭찬한다면 아부다. 반면 가망고객에게 당신이 취급하는 상품이 반드시 필요하지만 아직 그 필요성을 느끼지 못해 고객의 문제를 해결할 수단으로 칭찬한다면 진짜 칭찬이다. 당신이 취급하는 제품으로 고객의 문제를 해결할 수 있다면 보람 있는 일 아닌가?

그분은 심장질환이 눈에 띄었다. "사장님, 대단하십니다. 어린 시절은 어려웠는데 자수성가하셨다고 들었습니다. 저도 부동산에 관심을 가지려고 하는데 어떻게 하는 게 좋은지 전혀 모르겠더라고요. 특별한 비법이라도 있습니까?"라고 질문하자 "비법이랄 게 뭐 있나요? 그냥 열심히 살다보니 이렇게 되었죠."라고 간단히 말을 끝내려고 했다. 그래서 다시 칭찬과 질문을 이어갔다.

"사장님, 그래도 어디 아무나 되나요? 사장님 능력이 대단하신 겁니다. 경제를 읽는 눈, 나라 전체의 경기 흐름을 바라보는 감각이 탁월하지 않으면 부동산 사업을 할 수 없다는데 대단하신 거죠. 그리고 알고 보니 지역사회에서 봉사도 많이 하시고 어려운 사람들을 위해 후원금도 많이 내신다는 말을 들었어요. 봉사활동을 하시게 된 계기라도 있습니까?"

그러자 그분은 조금씩 마음을 열며 자신의 얘기를 시작했다. 심장질환에 좋은 건강기능식품을 판매한 것은 물론이다. 고객이 마음을 열면 그다음부터는 쉽다. 마음이 열려면 지갑이 열리는 법이다.

남성들이 건강기능식품을 구매하는 경우는 극히 이례적이다. 그래서 건강기능식품을 사려는 남성에게는 "대개 남성들은 남의 말을 잘 안 들어 남성이 직접 건강기능식품을 구입하는 경우가 드문데 선생님은 가족 사랑이 남다르신 것 같아요. 사모님 건강까지 신경 쓰시는 모습을 보니 부럽습니다. 참 자상하신 분 같아요."처럼 특별함과 자상함을 칭찬하는 게 좋다.

평범한 가정주부라면 아이들 칭찬이 효과적이다. 자식이 남들로부터 좋은 평가를 받는다면 부모로서 그보다 더 큰 기쁨이 어디 있겠는가. 명문대에 입학했을 때, 상장 받았을 때, 그림이나 피아노 경연대회에서 입상했을 때는 워낙 칭찬을 많이 받아 효과가 반감된다. 공부 못하는 아이들, 객관적으로 칭찬할 게 없는 아이들, 학교에서 말썽만 부리는 아이의 부모라면 얼마나 마음고생이 심하겠는가. 바로 그때를 칭찬할 기회로 삼는 것은 어떨까? 다음과 같이 아이 편에서 애기해주면 가망고객의 마음은 활짝 열릴 것이다.

- "걱정 마세요. 장난꾸러기가 출세한다고 하잖아요."
- "학교 다닐 때 공부 머리와 사회 나와서 쓰는 머리는 다르잖아요. 제 친구도 학교 다닐 때는 보잘 것 없었는데 지금은 사업으로 돈을 많이 벌어 얼마나 떵떵거리고 사는데요."
- "○○○ 시의원 아시죠? 학교 때는 공부도 못하고 말썽만 부렸대요. 그런데 지금은 출세했잖아요. 그러니 너무 걱정하지 마세요. 자기 복은 자기가 타고 난다는 말이 있잖아요."
- "영민이는 진짜 씩씩해서 좋아요. 영민이 같은 애가 나중에 출세한대요."
- "아이가 친구를 잘 사귀는 것을 보니 대인관계가 좋나 봐요. 공부만 잘하면 뭐해요?"

• "해찬이처럼 성격이 좋아야 해요. 두고 보세요. 해찬이는 크게 될 거예요."

우연히 만난 고객의 아이가 학교에 적응하지 못하고 고등학교를 자퇴했다. TV 드라마를 보고 자신도 제빵학원에 다니겠다며 자퇴했다고 한다. 부모 입장에서는 정말 기막힌 일 아닌가? 그래서 축구선수 이청용 선수를 예로 들어 "그건 동준이에게 꿈이 있다는 거예요. 축구선수 이청용 아시죠? 중학교를 중퇴하고 축구에만 전념해 국가대표 선수가 되어 월드컵에 나가고 지금은 영국 프리미어리그에서 뛰고 있잖아요. 동준이처럼 미래에 꿈이 있는 아이들이 나중에 크게 되는 거예요. 학교만 열심히 다니면 뭐해요. 일찍이 자신이 좋아하는 일을 찾는 것도 좋아요. 나는 동준이가 달리 보여요. 그러니 걱정하지 마시고 열심히 하라고 격려해주세요."라고 칭찬해주었다.

칭찬은 가망고객의 마음을 진정시키고 위로해준다. 당신은 이제 말동무가 된 것이다. 고객이 고민과 걱정거리를 잊도록 좋은 기회를 준 것이다. 칭찬은 쉬울 것 같지만 습관으로 배지 않으면 쉽지 않다. 칭찬거리를 찾아내는 것도 쉬운 게 아니다. 남들과 다른 칭찬으로 고객의 마음을 열려면 평소에 칭찬거리를 찾아내 사심 없이 칭찬하는 연습을 해야 한다. 지금 옆사람을 보라. 칭찬거리를 찾아보라. 그리고 칭찬해보라.

고객과 공감대 만들기

1. 자세와 동작 따라하기

이유 없이 미운 사람이 있다. 특별한 잘못도 없는데 밉다. 그런데 아무 이유 없이 좋은 사람도 있다. 그와는 금방 친해지고 마음도 쉽게 튼다. 경쟁이 치열한 영업 현장에서는 세일즈맨 A가 열심히 다니며 상품 설명을 하고 이런저런 선물까지 주었지만 결국 세일즈맨 B가 계약할 때가 있다. 고객은 왜 B에게 마음을 열고 계약을 했을까?

고객은 자신과 통하는 사람에게 물건을 사고 싶어 한다. 고객과 통하려면 세일즈맨만 마음을 연다고 되는 것이 아니다. 고객도 마음을 열어야 한다. 세일즈맨이 아무리 마음을 열고 접근해도 고객이 마음을 닫으면 내 편으로 만들 수 없다. 공감대가 만들어진다는 것은 고객이 마음을 열고 하나가 된다는 뜻이다. 고객과 공감대를 만드는 것은 세일즈맨에게 중요한 기술이다. 고객이 마음을 열지 않는다면 어떻게 마주 앉아 진실한 대화를 할 수 있겠는가?

고객의 마음을 여는 데는 이미 말한 첫인상도 중요하고 칭찬도 중요하다. 아울러 당신은 지금부터 말하려는 비언어적인 다양한 방법도 배워야 한다. 이미 말했지만 영업은 기술이다. 타고나는 게 아니라 배워가는 것이다. 지금부터 나오는 기술을 잘 습득해 현장에서 써먹는다면 더 좋은 성과를 거둘 수 있을 것이다. 신경심리학자들은 상대방의 자세, 몸짓, 말투, 억양, 동작을 거울에 비친 것처럼 그대로 모방하면 상대방의 무의식에 접속할 수 있다고 말한다. 둘 사이에 친밀감이 높아지고 유대감을 느끼게 된다는 것이다.

미국 캘리포니아대 리버사이드 캠퍼스의 로렌스 로젠바움 교수가 진행한 연구가 그 사실을 뒷받침한다. 그의 연구에 따르면 누구나 대화 상대방과 공감하기 위해 상대방의 억양, 콧소리, 말투 등을 무의식적으로 따라하고 흉내낸다고 한다. 로렌스 로젠바움 교수는 먼저 실험 참가자들에게 테니스, 양배추 등 단순 어휘 80개를 다른 사람이 소리 없이 입 모양으로만 말하는 것을 관찰하게 했다. 그 후 다시 입 모양만으로 한 단어를 말하는 모습을 보여주고 주어진 2가지 답안 중 맞는 어휘를 골라 소리 내어 답하도록 했다. 그 결과, 실험 참가자들은 자신의 평소 말투가 아닌 다른 사람이 입 모양만으로 들려준 방식으로 단어를 소리 내어 말했다.

이에 대해 로젠바움 교수는 "선천적으로 인간의 뇌는 상대방과 유대감을 가지기 위해 다른 사람의 말을 끊임없이 모방하도록 설계되어 있다."라며 "생전 처음 본 사람, 외국인, 입 모양만으로 말하는 모습만 봐도 따라하게 되어 있다."라고 말했다. 그는 "인간은 태어나 죽을 때까지 끊임없이 모방하는 존재"라며 "말투 외에 버릇, 자세, 얼굴 표정 등 세밀한 부분도 따라한다."라고 덧붙였다. 그리고 "외국어를 열심히 배우다 보면 말투 외에 외국인의 제스처를 따라하다가 어색한 모습을 보이는 것도 그 이유다."라고 결론을 내렸다.

케빈 호건Kevin Hogan과 윌리엄 호튼William Horton의 공저《구매의 심리학Selling Yourself Others》에는 상대방의 행동이나 동작을 그대로 따라하거나Mirroring 모방Matching함으로써 고객과 공감대를 형성하는 여러 가지 방법을 친절히 알려주고 있다. 먼저 따라하기 대상은 다음과 같다.

① 말: 높낮이, 속도, 리듬, 성량
② 언어: 고객이 사용하는 언어, 고객의 수준에 맞추어 어휘 사용하기
③ 호흡: 속도
④ 자세: 턱 만지기, 다리 꼬기, 팔짱 끼기
⑤ 감정: 고객의 슬픔, 기쁨, 흥분, 즐거움

상대방의 동작이나 자세 중 앞의 5가지를 잘 관찰하며 따라하거나 모방하면 된다. 그러나 생각처럼 쉽진 않다. 어설프게 하면 고객의 기분을 상하게 할 수도 있다. 중요한 것은 자연스러움이다. 상대방의 동작을 따라하거나 모방하다가 공감대가 형성되면 자세를 바꾸어 상대방을 이끌 준비를 해야 한다. 즉, 상대방이 자연스레 당신의 동작을 따라하도록 만드는 것이다. 당신이 말할 때 상대방이 의식하지 않고 당신의 자세나 동작을 따라하기 시작하면 완벽하게 공감대가 형성된 것이다. 이제 케빈 호건과 윌리엄 호튼이 가르쳐주는 대로 따라해보자. 고객과 공감대를 형성하는 데 큰 도움을 줄 것이다.

2. 관찰하기

자연스럽게 공감대가 만들어지는 장소는 많다. 공원, 레스토랑, 식당, 쇼핑몰, 공항, 교회, 해변 등 많은 사람이 모이는 곳이라면 공감대를 만들어가는 사람들을 어렵지 않게 찾아볼 수 있다. 이 연습을 위해 자세, 호흡, 목소리를 바탕으로 공감대가 형성된 2명을 찾아 자세히 관찰해보자.

· 둘은 몸을 앞으로 숙인 채 앉아 있는가 아니면 의자에 등을 기댄 채 앉아 있는가?

· 둘의 팔, 손, 손가락 자세와 다리, 발 자세는 어떤가?

· 둘의 머리는 같은 방향으로 기울어져 있는가?

· 둘은 장시간 똑같은 호흡 속도를 유지하고 있는가?

· 동시에 숨을 몰아쉬고 내쉬는가?

· 호흡 리듬은 계속 똑같이 유지되는가?

· 둘의 말 속도는 어느 정도 비슷한가?

· 둘의 성량은 어느 정도 비슷한가?

· 음성 높낮이는 어떤가?

· 음성 톤은 어떤가?

· 둘이 대화하는 동안 둘의 목소리 패턴은 바뀌는가?

· 바뀐다면 그런 변화가 둘의 공감대에 어떤 영향을 미치는가?

· 서로 대화하는 동안 움직임에는 어떤 변화가 있는가?

· 그런 움직임의 변화가 둘의 공감대에 어떤 영향을 미치는가?

3. 따라하기 | Mirroring

고객의 자세, 동작, 행동 등을 따라하며 공감대를 형성하는 것은 생각처럼 쉽지 않다. 그래서 고객에게 어설프게 사용하거나 연습하면 실례가 될 수 있다. 그냥 처음 보는 사람을 대상으로 연습하는 게 가장 좋다. 누군가를 따라할 때는 거울 속에 비친 사람처럼 따라해야 한다. 상대방이 왼쪽 다리를 오른쪽 다리에 올려놓는다면 당신은 오른쪽 다리를 왼쪽 다리에 올려놓아라. 상대방이 말하면서 어떤 제스처를 취한다면 그대로 따라해보라. 공감대를 형성하기 위해 따라할 수 있는 동작이나 행동으로는 여러 가지가 있다. 손동작, 머리 긁기, 코 만지기, 손으로 턱 괴기, 손가락으로 머리 쓸어 넘기기 등 무수히 많다.

4. 모방하기 Matching

모방은 따라하기처럼 똑같은 동작을 취하는 대신 비슷하게 하면 된다. 예를 들어 상대방이 두 손을 깍지 낀 채 식탁 위에 올렸다면 당신은 잠시 후 두 손으로 물잔을 꼭 움켜쥐고 상대방의 자세를 모방하는 것이다. 동작도 모방할 수 있다. 상대방이 넥타이를 바로 잡으면 당신은 옷깃을 여미고, 상대방이 팔짱을 끼면 당신은 두 손을 맞잡고, 상대방이 탁자를 손으로 두드리면 당신은 바닥을 발로 두드리고, 상대방이 머리카락을 만지면 당신은 코를 만지는 식이다. 그밖에도 상대방이 말하는 속도, 성량, 음의 높낮이, 톤을 주의 깊게 듣고 모방할 수 있다.

5. 이끌기Leading

그동안 당신이 고객의 자세나 동작을 따라하거나 모방했다면 이제 고객이 당신을 따라하도록 만들어야 한다. 물론 이때도 자연스러움이 생명이다. 고객은 자신도 모르는 사이에 당신을 따라하게 된다. 고객이 당신의 동작이나 자세를 따라한다면 공감대가 형성되었다는 의미이고 상대방의 생각을 당신이 원하는 방향으로 유도할 수 있다는 뜻이다.

6. 눈 맞추기

'눈은 마음의 창'이라는 말이 있다. 눈은 뇌와 외부를 연결하는 유일한 신체기관이다. 그만큼 눈은 사람의 마음속에서 일어나는 것을 보여준다. 상대방이 겁을 먹었는지, 불안한지, 호감을 느끼는지, 피곤한지, 간절히 원하는지, 관심이 있는지 등을 모두 눈으로 알 수 있다. 예를 들어 상담할 때 고객의 시선이 고정되지 않고 자꾸 딴 곳을 두리번거린다면 당신에게 관심이 없다는 뜻이다. 강의할 때 관심이 많은 사람들은 내게서 눈을 떼지 않는다. 관심이 없으면 고개를 숙이거나 시계를 보거나 두리번거린다. 눈만 봐도 상대방의 생각을 알 수 있다. 그러므로 첫인상을 보는 가장 정확한 방법은 눈이다.

눈이 빛나지 않으면 고객은 세일즈맨을 게으르거나 무능하게 볼 것이다. 하지만 눈이 반짝이는 사람은 적극적이고 열심히 일하는 사람으로 보인다. 그러므로 자신감 있는 눈빛으로 고객과 눈맞춤을 자주 한다면 그만큼 고객과 빨리 친해질 수 있다. 앞에서 언급한 《구매의 심리학》은 눈에 대해 알아야 할 많은 정보도 알려주고 있다.

· 일반적으로 눈맞춤하는 시간이 길수록 서로 더 강한 친밀감과 호감을 느낀다.

· 기쁨과 행복에 대한 이야기를 하면 동공이 확대되고 슬픔과 불행에 대한 이야기를 하면 동공이 축소된다.

· 눈맞춤은 누군가를 설득할 때 매우 중요한 역할을 한다.

· 여성은 상대방과 눈맞춤을 많이 할 때 개인적인 이야기를 더 많이 하는 경향이 있다.

· 눈맞춤을 많이 할수록 자신감 있는 사람으로 보인다.

· 눈맞춤을 많이 할수록 더 많은 자부심을 느낀다.

· 눈이 맑을수록 더 매력적인 사람이 된다.

· 상대방과 대화할 때는 선글라스를 벗는 것이 예의다.

· 누군가에게 매력적으로 보이고 싶다면 상대방을 자주 쳐다보라. 그리고 웃어라.

· 남성을 처음 만났을 때는 그의 머리끝부터 발끝까지 훑어보라. 그럼 그는 우쭐한 기분을 느낄 것이다. 여성을 만나면 어깨 위쪽을 쳐다보라. 그녀는 당신을 깊이 있고 유능하게 생각할 것이다.

· 매력을 느끼는 사람과 대화할 때는 대화 시간의 70% 이상을 눈 맞추는 데 써라.

다시 한 번 강조하지만 연습이 중요하다. 영업의 모든 과정에서 부족한 부분은 메우기 위해 노력해야 한다. 그렇지 않으면 당신의 성과는 그것 때문에 시원찮을 것이다. 당신보다 급여를 2~3배 더 많이 받는 사람을 아는가? 당신보다 일을 2~3배 더 많이 하던가? 하루를 48시간이나 72시간으로 늘려 사용하던가? 아니다. 그들에게는 당신이 모르는 것이 있다. 당신이 평소 방식대로 고객을 만날 때 그들은 부족한 기술을 메우기 위해 애썼을 것이다. 영업의 여러 기술 중 고객의 마음을 여는 기술을 맨 처음 다루는 것은 그것이 가장 중요하기 때문이다. 마음이 닫힌 고객에게 제품을 아무리 설명한들 귓등으로밖에 더 듣겠는가?

좋은 표정을 연습하고 악수하는 법, 명함 주는 법 등을 연습하라. 앞에 사람을 두고 실전처럼 연습하라. 칭찬은 평소 몸에 배어야 한다. 가망고객이 아니더라도 누구를 만나든 칭찬거리를 찾아내는 감각을 길러라. 칭찬이 입에서 자연스럽게 나오도록 연습하라.

세일즈맨은 말이 많아도 문제지만 할 말을 아끼는 것은 더 큰 문제다. 다른 말은 아끼더라도 칭찬하는 말은 아끼지 마라. 따라하기, 모방, 이끌기 등이 공감을 만들어가는 데 필요하다. 하찮은 것으로 여기지 마라. '정말 효과가 있을까?'라고 의심하지 마라. 이미 많은 학자들이 실험해 증명한 사실이다.

당신은 성과를 높이기 위해 연습만 하면 된다. 좋은 성과는 귀찮고 짜증나고 힘든 연습 과정을 견뎌냈을 때 주어진다. 절대로 타고나는 게 아니다. 이런 과정 없이 영업이 어렵다고 말하지 마라.

4장
고객 문제 파악과
구매 욕구 강화

질문의 역할

사람들은 세일즈를 하려면 말을 잘해야 한다고 생각한다. 하지만 고객의 말을 들어주는 것이 더 중요하다. 세일즈에서 성공한 사람들은 공통적으로 듣기를 80% 하고 말하기를 20%만 하라고 말한다. 말을 잘 들어주려면 우선 고객이 말을 해야 한다. 이 때 고객이 말하도록 만드는 방법이 바로 질문이다. 질문을 잘해야 고객이 답을 잘할 수 있다.

여기서 질문 하나를 던진다. 세일즈할 때 가장 어려운 점이 무엇인가? 초보 세일즈맨이든 경력자든 '맨 처음 문을 열고 들어가는 것'이 가장 어렵다고 말한다. 그때 가망고객이 호의적이면 상품을 설명하고 구매를 요청하는 것은 별로 큰 문제가 아니다. 하지만 대부분의 고객들은 세일즈맨들에게 시큰둥한 반응을 보일 뿐이다. 좋은 성과를 내는 세일즈맨과 그렇지 못한 세일즈맨은 문을 열고 들어가 고객과 처음으로 대면하는 순간부터 다르다. 원인은 여러 가지다. 첫인상일 수도 있고 제품 인지도일 수도 있고 회사 이미지도 큰 몫을 차지할 수 있다. 그런데 무엇보다 중요한 것은 질문이다. '질문하느냐 하지 않느냐', '어떤 질문을 어떻게 하느냐'에 따라 성과는 달라진다.

세일즈 기법 관련 서적들은 주로 세일즈 종사자 입장에서 내용을 구성하고 있다. 세일즈맨 입장에서 보면 세일즈 과정은 곧 판매 과정이다. 판매 과정을 보면 세일즈맨은 먼저 가망고객을 찾아내 그의 필요성과 문제, 욕구 등을 파악하고 해결책을 제시한다. 해결책을 제시한다는 것은 제품이나 서비스의 효과를 설명하는 것이다. 고객이 망설이거나 거절하면 다시 한 번 압력을 가한다. 거절 처리 과정이 필요한 것이다. 그 과정이 틀린 것은 아니지만 효과적인 방법도 아니다.

그렇다면 그 과정을 고객 입장에서 보면 어떻게 될까? 세일즈맨에게는 세일즈 과정이지만 고객에게는 구매 과정이다. 구매 과정을 보면 고객은 일단 자신의 문제를 알고, 해결이 필요하다고 생각해야 필요 인식 물건을 구매할 생각을 한다. 물건을 구매하려고 해도 막상 무엇으로 할지 고민스럽다 결정 고민. 그다음으로 '이 물건을 잘 사는 것인가?'라는 불안 단계가 이어지는데, 그것이 해결되어야만 불안

 비로소 구매 결정을 내리고 제품을 사용한다.

고객은 타고 다니는 자동차에 불만이 없다면 굳이 차를 바꿀 생각을 하지 않는다. 차가 오래되었다거나 안전에 문제가 있다거나 차가 작아 창피하다는 문제점을 발견하고, 그것에 불만을 가져야 차를 새로 사야겠다고 생각한다. 그것을 '필요 인식' 단계라고 한다.

필요 인식 단계에서 고객의 주된 관심사는 '현재 내 자동차에 어떤 조치를 취해야 하는가?'이다. 그때부터 고객은 '내가 선택할 수 있는 것은 무엇인가?', '수리해 탈 것인가? 새 차를 살 것인가?', '중고차를 살 것인가? 산다면 어떤 차를 살 것인가? 여러 차종 중 어느 회사 어느 차를 살 것인가?'를 고민하기 시작한다. 이 단계를 '결정 고민' 단계라고 한다. 고객은 수많은 선택을 놓고 고민하기 시작한다. 그리고 결국 꼼꼼히 비교한 후 최선이라고 생각한 것을 선택한다.

예를 들어 50대 중반의 골다공증 여성이 뼈를 튼튼히 만들 방법을 찾고 있다. 그녀는 무엇으로 선택할지 고민에 빠진다. 건강기능식품 회사마다 모두 칼슘제를 만들고, 병원, 한의원, 약국에서도 팔고 있다. 아니면 사골을 푹 고아 먹을 수도 있다. 여러 가지 선택 중 자신에게 가장 맞는 것을 고르기 위해 고민하는 것은 고객의 권리이다.

고객은 이제 그다음 단계인 '불안 해결' 단계에 이른다. 고객은 차를 바꾸기로 결정했고 많은 고민을 한 후 최선을 선택했지만 또 한번 주저한다. 혹시 제품을 잘못 사는 것은 아닌지 두려워한다. '제대로 사는 걸까?', '더 싸게 살 방법은 없을까?', '미처 발견하지 못한 결점이 있는 것은 아닐까?', '애프터서비스는 잘해줄까?'와 같은 불안감에 구매 결정을 내리지 못한다.

고객은 이런 단계를 거치며 제품을 구매한다. 따라서 세일즈맨은 이 과정에 적절히 개입해서 고객이 올바른 결정을 내리도록 유도해야 한다. 이 때 개입하는 방법이 중요한데 그중 하나가 질문이다. 질문으로 가망고객이 구매를 스스로 결정하도록 개입하라는 것이다. 사람은 억지로 하는 것보다 자신이 원해 선택한 일에 더 많은 동기부여가 된다.

필요하지도 않고 구매하고 싶은 생각도 없는데 건강기능식품을 파는 친구가 찾아와 하나만 사달라고 사정해 구매했다고 가정해보자. 그것은 외부 동기가 주입되어 구매를 결정한 것이다. 그런 고객들은 대부분 건강기능식품을 잘 먹지 않는다. 몇 개월이면 다 먹어야 하는데 1년이 되어도 먼지만 쌓인 채 집안 구석에 처박혀 있다. 건강기능식품 복용에 대한 책임감도 없고 꾸준히 복용하는 건전한 행동도 없다. 당연히 이런 고객은 재구매도 하지 않을 뿐만 아니라 다른 가망고객을 소개해주지도 않는다. 세일즈로 고객의 문제를 해결한 것이 아니라 오히려 고객에게 문제를 안겨준 꼴이다.

이것은 올바른 세일즈 방법이 아니다. 따라서 우리가 해야 할 첫번째 질문은 '가망고객에게 어떻게 물건을 팔 수 있을까?'가 아니다. '어떻게 해야 가망고객 스스로 물건을 구매하도록 만들 수 있을까?'이다.

질문을 하나 던진다. 위에서 말한 고객의 구매 과정 중 가장 중요한 단계는 무엇일까? 당연히 필요 인식 단계이다. 고객이 구매하려면 어쨌거나 필요하다고 느껴야 한다. 고객이 자신의 문제와 욕구를 해결하기 위해 필요성을 느끼도록 만드는 것이 가장 중요하다. 이 단계에서 필요한 것이 질문이다. 잠재된 고객의 필요성을 현재의 필요성으로 바꾸는 데 질문은 매우 유용한 수단이다. 세일즈에서는 이처럼 질문이 중요하다. 이제 질문의 기능에 대해 자세히 알아보자.

첫째, 질문을 하면 고객 문제를 알 수 있다. 고객 문제를 알고 해결책을 제시하는 것이 세일즈의 기본이다. 세일즈맨이 고객의 문제를 먼저 직접 지적하면 고객은 움츠러들고 자신의 문제를 숨기려 한다. 따라서 다음과 같이 질문으로 고객이 자신의 문제를 말하도록 유도해야 한다.

- "현재 고객님의 가장 어려운 문제는 무엇입니까?"
- "언제부터 그런 문제가 있었습니까?"
- "몸이 많이 안 좋아 보이시네요. 건강에 무슨 문제가 있으신가요?"

이렇게 질문하면 고객은 자신의 문제를 말할 수밖에 없다. 만약 이러한 질문에 자신이나 회사의 문제를 사실대로 말한다면 구매 확률이 높은 고객이다. 구매 의사가 없다면 굳이 자신의 문제를 말하지 않는다. 세일즈맨은 고객의 문제를 정확히 알고 있어야만 적절한 제품으로 맞춤형 설명을 할 수 있다.

둘째, 질문을 하면 고객의 필요성을 알 수 있다. 고객은 자신이 필요하다고 생각해야만 제품을 구매한다. 고객의 필요성을 알고 그 필요성을 충족시켜야만 고객의 구매 동기를 자극할 수 있다. 고객에게 가장 필요한 것이 무엇인지 알려면 다음과 같이 제대로 질문하고 고객의 대답을 잘 듣는 방법밖에 없다.

- "고객님의 문제를 해결하려면 가장 필요한 것이 무엇이라고 생각하십니까?"
- "높은 성과를 올리려면 무엇이 가장 필요하다고 생각하십니까?"
- "자녀들은 활동량이 많아 그만큼 사고 위험도 높은데 자녀들을 위한 보험은 있나요?"

세일즈 달인들은 이와 같은 질문으로 고객에게 필요한 것을 정확히 짚어낸다. 고객의 진정한 필요성을 모르면 정확히 긁어줄 수 없다. 고객의 필요성을 알았다면 그것을 충족시킬 제품으로 상담을 시작하면 된다.

셋째, 고객은 질문에 답하며 자신에게 무엇이 필요한지 스스로 깨닫게 된다. 고객은 제품이 필요하다고 아무리 설명해도 스스로 필요하다고 느끼지 않으면 절대로 구매하지 않는다. 고객이 필요하다고 느끼도록 만들려면 고객 스스로 자신의 문제가 얼마나 심각한지 깨닫고 제품의 필요성을 긍정하는 말을 하도록 다음과 같이 질문하면 된다.

- "지금 고객님의 문제가 앞으로 어떤 영향을 미칠까요?"
- "내일 일은 아무도 모르잖아요. 그러니 가장은 항상 만약의 경우를 생각해야 하지 않을까요?"
- "자외선이 피부 노화의 주범인데, 자외선을 피하려면 무엇이 가장 중요하다고 생각하십니까?"

고객들은 이러한 질문에 답하면서 자신에게 문제가 있다는 사실과 해결책의 필요성을 점점 깨닫게 된다. 이런저런 이유로 구매를 미루는 고객에게도 질문은 매우 효과적이다. 질문에 답하다 보면 고객은 구매 동기가 저절로 커진다.

넷째, 문제가 해결되면 어떤 이익이 있는지 고객 스스로 알게 한다. 문제가 해결되면 고객에게 무엇이 좋은지, 무슨 이익이 있는지 굳이 설명할 필요가 없다. 다음과 같은 적절한 질문으로 고객 스스로 말하게 하면 된다. 고객들은 세일즈맨으로부터 듣는 것보다 자신의 입으로 이익을 말할 때 더 확신을 가진다.

- "이런 문제가 해결된다면 고객님에게 무슨 이익이 있을까요?"
- "관절이 좋아져 자유롭게 다닐 수 있다면 맨 먼저 어디를 가고 싶으세요?"

- "고객님의 건강 문제가 해결되면 맨 먼저 하고 싶은 일이 무엇입니까?"

고객들이 제품이나 서비스를 구매하는 동기는 이용 후 효과를 보기 위해서다. 그 효과와 이익을 자신의 입으로 말하고 긍정하면 구매 확률은 올라갈 수밖에 없다.

다섯째, 질문은 고객의 불만이나 반론에 대응하는 좋은 수단이다. 고객들이 "가격이 비싸다."고 이의를 제기하는 경우가 있다. 그때 가격에 대해 길게 변명할 필요가 없다. 다음과 같이 질문으로 응수하면 된다.

- 고객: "생각보다 가격이 꽤 비싸네요?"
- 세일즈맨: "비싸다고요? 고객님, 왜 가격이 비싸다고 생각하시는지 말씀해주실래요?"
- 고객: "아니 뭐, 진짜 효과가 있는지도 모르겠고."

이렇게 질문하면 공은 고객에게 넘어간다. 그러면 고객은 자신의 생각을 말하지 않을 수 없다. 사실 가격이 구매에 미치는 영향은 작은 편이다. 고객들은 다른 이유가 있으면서 가격을 핑계 삼아 거절하기 일쑤다. 적절한 질문은 거절한 진짜 이유를 말하게 한다. 거절의 다른 이유들도 마찬가지다. 설명 대신 질문을 하면 좋은 결과를 얻을 수 있다.

- 고객: "다시 한 번 생각해볼게요."

- 세일즈맨: "생각해보겠다고 하시는 게 저희 제품의 효과와 관련된 것입니까?"

고객은 진짜 이유가 제품의 효과에 대한 것이라고 말할 수도 있고, 다른 이유를 말할 수도 있다. 고객의 거절 이유를 정확히 알고 대응하고 싶다면 질문을 하라.

여섯째, 질문으로 효과적인 고객 관리를 할 수 있다. 많은 고객들은 제품에 다소 불만이 있거나 의문이 있더라도 말하지 않는다. 고객이 말하지 않는다고 해서 괜찮다고 생각하면 큰 착각이다. 고객의 마음속에 있는 불만을 제대로 처리하지 못하면 재구매는 절대로 일어나지 않는다. 당신의 총매출 중 재구매율이 낮다면 고객 관리에 문제가 있는 것이다. 고객 관리를 잘하려면 고객에게 다음과 같은 질문을 많이 해야 한다. 그래야 고객의 불편과 불만을 듣고 개선할 수 있다.

- "고객님께서 원하시는 것을 우리가 충족시키고 있나요? 혹시 그렇지 못한 것이 있다면 말씀해주세요."

- "저희 제품이 고객님의 피부 관리에 도움이 되고 있나요?"

- "저희 제품을 이용하시면서 혹시 불편하신 점이 있으시면 지적해주시겠습니까?"

하고 싶은 말이 있지만 이런저런 눈치를 보느라 말을 못하고 있는데 이렇게 질문해준다면 고객은 반가워할 것이다. 질문은 직접 방문해서 하면 좋겠지만 전화나 문자 메시지, 이메일을 활용할 수도 있다. 제품별로 고객 관리용 질문 목록을 만들어 사용하면 편리하다.

 사람들은 자신이 말을 계속해야 대화를 주도한다고 생각한다. 그것은 큰 착각이다. 세일즈 달인들은 상황에 맞는 적절한 질문으로 대화를 유리하게 이끌어간다. 고객은 제품 구매에 부담을 느끼면 대화의 흐름을 다른 방향으로 바꾸려고 한다. 고객에게 끌려다니면 세일즈에 성공하지 못하고 시간만 낭비할 수 있다. 경험이 풍부한 세일즈맨들은 적절한 질문으로 대화의 방향을 주도하고, '이 고객은 아니다!'라고 생각이 들면 다른 가망고객을 찾아 나선다.

2

질문의 종류

1. 열린 질문과 닫힌 질문

열린 질문은 '예', '아니오'로 답할 수 없는 질문으로 세일즈 상담에 매우 유용하다. 열린 질문을 많이 할수록 고객에게 어떤 문제가 있는지, 고객에게 무엇이 필요한지 알아낼 수 있다. 또한 지금 고객의 문제가 얼마나 심각한지 알려주어 고객의 구매욕을 자극하는 심화 질문과 해결 질문도 대부분 열린 질문으로 한다.

열린 질문으로 고객의 정보를 많이 알아낼수록 세일즈를 계획하는 것도 쉬워진다. 무턱대고 찾아가 제품을 권하기보다 고객 정보를 바탕으로 고객에 맞는 제품을 권하는 것이 고객의 신뢰를 얻고 구매 확률을 높이기 때문이다. 다음은 열린 질문과 닫힌 질문을 비교한 것이다.

- **닫힌 질문**: "가격이 중요합니까? 제품 효능이 중요합니까?"
- **열린 질문**: "고객님은 제품을 구매하실 때 무엇이 가장 중요하다고 생각하십니까?"
- **닫힌 질문**: "현재 사용 중인 화장품에 만족하십니까?"
- **열린 질문**: "화장품을 사실 때 가장 중시하는 것이 무엇입니까?"

이처럼 닫힌 질문은 고객이 '예', '아니오'로 답하기 때문에 한 가지 정보밖에 얻을 수 없지만, 열린 질문은 고객의 답변에 따라 더 많은 정보를 얻을 수 있다. 다음은 열린 질문의 예다.

- "요즘처럼 더운 날씨에는 지치기 쉬운데 건강 관리는 어떻게 하시나요?"
- "앞으로 10년 후 고객님께 가장 중요한 것은 무엇이라고 생각하십니까?"
- "미래를 위해 어떤 계획을 세우고 계신가요?"
- "고객님 피부의 가장 큰 고민은 무엇입니까?"

그렇다고 열린 질문은 좋고 닫힌 질문은 나쁘다는 말이 아니다. 세일즈 과정에서 상황이나 목적에 따라 두 유형의 질문을 적절히 사용해야 한다. 예를 들어 "요즘 건강기능식품이 왜 인기 있다고 생각하십니까?"와 같은 질문은 열린 질문이다. 대화 초기에 고객에게 이런 질문을 할 수는 없다. 하지만 "요즘 건강기능식품이 인기가 많지 않습니까?"라고 질문하면 고객은 '예'라고 답할 수밖에 없다. 닫힌 질문의 핵심은 의도적으로 고객이 '예'라고 답하게 만드는 것이다. 다음 예를 보자.

- 세일즈맨: "칼슘제는 젊을 때부터 꾸준히 먹는 게 중요하지 않습니까?"

- 고객: "예, 그렇겠죠."

- 세일즈맨: "모든 영양소가 그렇듯이 칼슘도 많이 먹는 것보다 흡수가 잘되는 것이 더 중요하다고 생각하시죠?"

- 고객: "당연한 거 아닌가요?"

- 세일즈맨: "상식적으로 사람 몸에는 동물성 칼슘보다 식물성 칼슘이 흡수가 더 잘되겠죠?"

- 고객: "아무래도 그렇겠죠."

- 세일즈맨: "저희 칼슘이 흡수가 잘되는 식물성 칼슘이라면 구매할 생각이 있으십니까?"

- 고객: "예, 당연하죠."

이와 같이 고객이 '예'라고 답할 수밖에 없는 질문을 계속하면 고객에게는 긍정적인 심리가 작용한다. 고객이 긍정적인 심리로 바뀌면 제품의 부정적인 면보다 긍정적인 면을 보게 돼 구매 확률을 높일 수 있다. 평소 준비해놓고 적절히 사용하면 고객과 상담할 때 많은 도움이 될 것이다.

2. 선택 유도 질문

선택 유도 질문은 많은 세일즈맨들이 상담 약속을 잡거나 세일즈를 마무리할 때 사용하는 질문법으로 '아니오'라고 말하지 못하게 하는 기술이다. 선택 유도 질문을 받은 고객은 2~3가지 중 하나를 택할 수밖에 없는데, 어느 것을 택하든 세일즈맨에게 유리한 상황이 된다.

고객 입장에서 세일즈맨을 만나는 것은 심리적으로 부담이 클 수밖에 없다. 그런 경우, "오늘 오후 3시경에 찾아뵈어도 되겠습니까?"라고 질문하면 바쁘다거나 다른 약속이 있어 안 된다고 말할 확률이 높다. 그때 "고객님 댁 근처에 볼 일이 있어 가는데 오후 2시쯤 일이 끝나거든요. 2시쯤 찾아뵐까요 아니면 3시쯤 찾아뵐까요? 언제가 편하시겠습니까?"라고 질문하면 대부분 '아니오'라고 못하고 둘 중 하나를 택할 수밖에 없다. 다음의 예를 보자.

- "결제는 카드로 하시겠습니까 아니면 현금으로 하시겠습니까? 편리한 것으로 하시면 됩니다."

• "지금 당장 제품을 가져올까요 아니면 내일 오전 중에 가져올까요?"
• "고객님 ○○○제품이 필요하십니까? 아니면 △△△제품이 필요하십니까?"

위의 질문들은 마무리 과정에서 고객의 결심을 유도하는 선택 유도 질문이다. 고객이 2가지 중 하나를 택하면 제품을 구매했다고 보면 된다.

3. 받아치기 질문

받아치기 질문은 경험이 많은 세일즈 달인들이 사용하는 방법이다. 세일즈맨의 상품 설명을 듣던 고객이 "신용카드로 결제해도 되나요?"라고 질문할 경우, 그냥 '예'라고 답한다면 고객의 구매 의사를 확실히 알 수 없고 고객이 한발 물러설 수도 있다. 그럴 때는 "고객님께서는 신용카드로 결제하시는 게 편리하십니까?", "고객님께서는 제품 결제를 신용카드로 하시겠다는 말씀이시죠?"라는 질문으로 받아쳐 고객이 "예"라고 답한다면 상담은 성공한 것이나 다름없다. 곧바로 주문서를 작성하면 된다. 다음 예문을 살펴보자.

• 고객: "배송은 언제까지 가능합니까?"
• 세일즈맨: "현재 물건이 부족해 다음 주에나 가능합니다."

- 고객: "그렇게나 늦게요? 다른 데를 알아봐야겠군요."

이런 식의 문답은 세일즈맨에게 유리할 것이 없다. 다음 문답을 보면 받아치기 질문법의 묘미를 느낄 수 있다.

- 고객: "배송은 언제까지 가능합니까?"
- 세일즈맨: "언제까지 배송해드리면 좋겠습니까?"
- 고객: "늦어도 모레까진 가능해야 합니다."
- 세일즈맨: "그럴 만한 사정이 있습니까?"
- 고객: "이번 주말에 여행을 떠나서 그럽니다."

세일즈에서 성공과 실패는 종이 한 장 차이다. 고객이 "배송은 언제까지 가능합니까?"라고 물었을 때 곧이곧대로 답변한 세일즈맨은 거의 성사된 계약을 놓칠 위기에 몰렸다. 그러나 받아치기 질문으로 고객의 생각을 알아내고 적절한 조치를 취한 세일즈맨은 계약을 성사시켰다. 다음은 받아치기 질문법의 또 다른 예다.

- 고객: "오늘 저녁에 물건을 받을 수 있습니까?"
- 세일즈맨: "오늘 저녁에 물건을 받으시는 게 좋으시겠습니까?"
- 고객: "물건은 언제쯤 볼 수 있습니까?"
- 세일즈맨: "고객님께서는 물건을 언제 보시는 게 편하십니까?"

- : "대금 지불은 1주일 후에 해도 되겠습니까?"
- : "1주일 후에 지불하시는 게 편하십니까?"

이와 같이 고객의 질문에 즉답을 피하고 받아치기 질문으로 응대하면 고객의 의사를 확실히 알 수 있을 뿐만 아니라 대화의 주도권을 계속 유지하며 자연스럽게 다음 단계로 넘어갈 수 있다.

바로 뒤부터는 여러 유형의 질문들을 사용해 실전에서 써먹을 수 있는 질문법을 익힐 것이다. 질문법을 제대로 익혀서 응용한다면 당신의 소득은 훨씬 오를 것이다. 질문법을 익히는 가장 좋은 방법은 상담할 고객을 상상하며 종이 위에 질문들을 써보는 것이다. 지금 당장 볼펜과 메모지를 준비하라. 질문이 생각나거나 '이거다!' 싶은 것이 있으면 적어놓아라. 이런 작은 노력들이 쌓여야 좋은 성과를 낼 수 있다.

3

상황과 문제 파악 질문

이제 본격적으로 고객의 문제를 찾아내고, 그 문제를 키우는 방법에 대해 알아보자. 먼저 공부할 것은 탐색 질문이다. 세일즈맨은 고객의 무엇을 탐색해야 할까? 고객의 현재 상황, 문제, 욕구 등을 탐색해야 한다. 고객으로부터 뭔가 알아내려면 탐색 질문을 해야 한다. 탐색 질문은 고객 스스로 자신의 상황이나 문제를 말하도록 유도하는 방법이다.

만약 당신이 고객을 만나자마자 다짜고짜 "고객님께서는 이런저런 문제가 있으니 우리 제품을 구매해야 합니다."고 주장하면 어떨까? 고객은 매우 불쾌할 것이다. 고객에게 매우 건방진 세일즈맨으로 낙인찍혀 방문이나 전화조차 거절당할지도 모른다.

보험 세일즈를 할 때 "보험 하나 없으니 당신이 죽으면 나머지 가족은 어떻게 하겠느냐?"라고 직설적으로 질문한다면 고객의 마음은 심란해질 것이다. 그러므로 고객의 문제를 당신이 직접 지적하면 안 된다. 당신은 질문만 하면 된다. 고객은 당신의 질문에 답하면서 자신의 문제를 스스로 깨닫기 때문이다.

탐색 질문을 할 때 중요한 것은 반드시 당신의 제품으로 해결할 수 있는 문제에 대한 질문이어야 한다는 것이다. 당신의 제품으로 해결할 수 없는 문제를 자꾸 질문하는 것은 시간 낭비다. 그러므로 당신의 제품이 고객의 어떤 문제를 해결할 수 있는지부터 알아야 한다. 제품을 제대로 알지 못하면 본의 아니게 거짓말을 하거나 과장하게 된다. 따라서 당신은 고객을 만나기 전에 여러 탐색 질문을 준비해놓고 연습해야 한다.

그다음으로 중요한 것은 탐색 질문을 했을 때 고객이 자신의 문제를 순순히 말했다고 해서 그것이 전부인 것처럼 해결책을 곧바로 제시하면 안 된다는 것이다. 당신은 고객의 문제를 좀 더 분명히 알 수 있도록 탐색 질문을 계속해야 한다. 그래야만 고객의 문제를 좀 더 분명히 알 수 있고 고객도 자신의 문제를 명확히 인정하게 된다. 2차, 3차 탐색 질문을 다음 문장에 대입해 연습해보자.

- "고객님께 어떤 문제가 있는지 확실히 알고 싶습니다. 고객님이 갖고 계신 ○○문제에 대해 좀 더 자세히 말씀해주시겠습니까?"

- "문제가 얼마나 자주 일어납니까?"

- "항상 그런가요, 일시적인가요?"

- "○○이 고객님께 가장 큰 골칫거리입니까? 다른 문제는 없나요?"

위의 예문에 당신의 제품으로 해결할 수 있는 문제를 대입해 질문을 만들어보면 된다. 다음은 고객의 문제를 정확히 알고, 고객에게 자신의 문제가 한두 개가 아니라는 사실을 깨닫게 해주는 질문이다.

- "고객님이 느끼는 증세에 대해 좀 더 자세히 말씀해주실래요?"

- "그런 증세가 자주 일어납니까?"

- "고객님의 문제는 일시적인가요, 오래된 문제인가요?"

- "그것 외에 다른 불편한 점은 없나요?"

초보 세일즈맨일수록 '팔기'에 바빠 이런 추가 탐색 질문들을 놓친다. 작은 문제를 발견하자마자 곧바로 해결책을 말하려고 한다. 어떤 문제를 살짝 비치기만 해도 이런 해결책이 있고, 이런 방법으로 해결해야 한다며 자신이 취급하는 상품이나 서비스를 설명하기에 바쁘다. 그러면 고객들은 금방 피곤해진다. 그러므로 고객이 자신의 문제를 말하기 시작하면 추가 질문으로 더 밝혀나가야 한다. 고객은 추가 질문에 답하면서 자신의 문제가 만만치 않음을 점점 깨닫게 된다. 바로 써먹을 수 있는 탐색 질문을 다음에 예시해 놓았다. 굳이 외울 필요는 없지만 자신이 취급하는 상품에 맞추어 탐색 질문을 만들어 준비하는 것은 필요하다.

- "현재 고객님의 건강 문제는 무엇입니까?"

- "왜 그런 문제가 생겼다고 생각하십니까?"

- "고객님의 건강을 위해 지금 가장 시급한 것은 무엇이라고 생각하십니까?"

- "감기 같은 잔병치레를 자주 하시나요?"

- "운동 후나 몸을 많이 움직인 후 피로를 많이 느끼십니까?"

- "현재 고객님의 피부 문제는 무엇입니까?"

- "피부에 왜 그런 문제가 생겼다고 생각하십니까?"

- "기능성 화장품을 구매하실 때 가장 중시하는 것이 무엇입니까?"

- "고객님의 피부 건강을 위해 지금 가장 시급한 것이 무엇이라고 생각하십니까?"

- "아침에 세안하자마자 피부가 당기나요?"

- "40대가 되면 만약에 대비한 보험이 필요한데, 어떤 보험에 가입하고 계신가요?"

- "보험은 만약의 경우에 대비하는 것입니다. 앞날은 아무도 알 수 없잖아요. 고객님의 생각은 어떻습니까?"

- "일생 동안 우리나라 사람들은 평균 몇 번의 교통사고가 나는지 알고 계신가요?"

- "교통사고가 났을 때 가장 큰 문제는 무엇일까요?"

- "미래를 위해 어떤 계획을 갖고 계신가요?"

- "현재 자녀들을 위한 유아용 교재는 무엇을 사용하십니까?"

- "사용하시면서 불만이 있다면 무엇인가요?"

- "어떤 불편이 있었습니까?"

- "현재 식수는 어떻게 해결하고 계십니까?"

- "유아교육 제품인데 가격은 마음에 드시나요?"

이제 탐색 질문을 어느 정도 이해했을 것이다. 하지만 책을 읽는 것만으로는 세일즈 현장에서 효과적으로 써먹을 수 없다. 모든 공부가 그렇듯이 직접 실습을 해봐야 한다.

고객의 문제를
확대하는 질문

자신의 문제를 알고 있더라도 고객은 '지금 당장' 해결책이 필요하다고 생각하진 않는다. 즉, 고객은 팔다리가 저린 증세를 호소하며 자신에게 혈액순환 문제가 있다는 사실을 알더라도 그 문제를 지금 당장 해결할 필요성을 느끼지 못한다. 그런 고객을 만나면 현재는 문제가 심각하지 않지만, 지금 해결하지 않으면 더 큰 문제가 생길지도 모른다고 사실을 일깨워주어야 한다.

경험이 부족하고 성과가 없는 세일즈맨일수록 고객의 문제를 조금만 알아도 곧바로 해결책을 말하려고 한다. 그러면 고객은 '가격이 좀 비싸다', '생각해보겠다'. '상의해봐야 한다'와 같은 핑계를 대며 거부 반응을 보인다.

혹시 구멍 난 가마솥을 때워본 적이 있는가? 가마솥에 작은 구멍이 나면 땜장이를 부른다. 땜장이는 녹을 벗긴다며 망치로 작은 구멍 주위를 살살 두드려 구멍을 더 크게 만든다. 그리고 "이것 보세요! 큰일 날 뻔했네요. 새 솥을 사야 할 뻔했네요."라고 주인에게 한마디한다. 땜장이는 구멍을 잔뜩 키워 놓고서야 땜질해준다. 그러면 주인은 고맙다며 비싼 값을 치른다. 땜장이는 작은 구멍을 키워 문제를 키웠고 주인은 작은 구멍인 줄 알았는데 큰 구멍인 것을 알고 매우 고마워한다. 그리고 작은 구멍일 때보다 더 많이 지불한다.

가끔 신문에 우리나라 명의들이 소개된다. 그중에 이비인후과나 예방의학과 교수들은 거의 없다. 대부분은 암 수술 전문의나 심장병 전문의처럼 큰 병을 다스리는 의사들이다. 고객들은 큰 문제를 해결했을 때 더 고마움을 느끼고, 더 많은 비용을 지불한다. 그렇다고 건강기능식품 세일즈맨들에게 고객의 몸 상태가 매우 안 좋아질 때까지 기다려 상담하라는 말은 아니다. 현재의 작은 증세를 방치하면 장차 더 큰 병으로 발전할 수 있다는 사실을 깨닫게 하는 것이 핵심이다. 우리는 주변에서 이런 세일즈맨들을 상당히 많이 본다.

- 고객: "요즘 팔다리가 저리네요."

- 세일즈맨: "그래요? 혈액순환이 안 되어서 그런 거예요. 저희 회사에서 혈액순환제가 나오는데, 그것만 먹으면 팔다리 저린 게 싹 없어져요."

- 고객: "…"

당신도 혹시 이렇게 세일즈를 하고 있진 않은가? 3~4개월 동안 건강기능식품 회사에 다니면 제품 지식으로 머릿속이 꽉 찬다. 그러다 명절 때 온 가족이 모이면 시부모, 동서 등이 둘러앉아 음식을 하며 '어디가 아프다', '어떤 증세가 있다'고 한마디씩 꺼낸다. 그러면 초보 세일즈맨은 "어머니, 그건 혈액순환이 안 돼서 그런 거예요. 혈액순환제를 드셔야 해요."라거나 "형님, 그건 간 기능이 떨어져 그런 거예요. 간에 좋은 걸 드셔야 해요."라며 열심히 제품 홍보를 한다. 친목회나 동창회에서도 마찬가지다. 누가 작은 힌트라도 주면 제품 설명에 열을 올린다. 이런 세일즈맨을 좋아할 사람은 없다. 다음에 전화하면 전화를 피한다. 많은 세일즈맨들이 이런 실수를 저지른다.

탐색 질문, 추가 탐색 질문으로 고객의 문제가 충분히 밝혀졌다고 생각할 때 필요한 것이 심화 질문이다. 특히 값비싼 제품일 경우, 심화 질문은 필수다. 심화 질문은 고객이 가볍게 생각하는 문제에 초점을 맞추어 문제를 확대시키고 심각성을 알려 제품의 필요성을 강조하는 질문이다. 또한 이런저런 핑계로 구매를 미루는 고객에게는 지금 고객의 문제가 개선되지 않으면 장차 어떤 나쁜 결과를 초래할지 분명히 알려주어 결정을 앞당기도록 유도할 수 있다.

핵심은 지금 당장 제품을 구매하지 않으면 앞으로 더 큰 문제가 생긴다는 사실을 알려주는 것이다. 심화 질문은 내가 취급하는 제품의 기능과 고객의 문제를 정확히 알고 있을 때 하는 것이지만 그렇게 쉬운 것은 아니다. 평소 많은 준비가 필요하다. 다음은 건강기능식품 세일즈맨들이 활용할 수 있는 심화 질문이다.

- "혈압이 높으면 뇌졸중 위험이 몇 배 더 높은지 알고 계시죠?"

- "심장 기능이 떨어져 등산을 하거나 길을 걸을 때 어떤 증상이 나타납니까?"

- "콜레스테롤 수치가 높으면 건강에 어떤 영향을 미치는지 알고 계신지요?"

- "피부가 건조해지면서 주름이 늘지 않았나요?"

- "피지 분비가 줄면서 탄력이 떨어지고 피부색도 칙칙해지지 않았나요?"

- "피부에 탄력이 떨어지면 얼굴이 어떻게 될까요?"

- "고령화 사회의 가장 큰 문제는 무엇일까요?"

- "최근에 노인 범죄가 왜 늘었겠어요? 저는 경제적 문제 때문이라고 생각하는
  데 고객님의 생각은 어떠십니까?"

- "가장인 고객님께 큰 문제가 생기면 가족은 누가 책임지겠습니까?"

- "물을 잘못 먹으면 어떤 문제가 생길까요?"

- "우리 몸에 수분이 부족하면 피부에 어떤 문제를 일으킬까요?"

- "우리 몸에 물이 부족하면 어떤 이상이 생길까요?"

- "연령에 맞는 책을 그때그때 읽지 않으면 아이의 지능 발달에 어떤 문제가 있
  을까요?"

차근차근 연습해보자. 이 책은 빨리 읽는 게 중요한 것이 아니다. 아직 이해되지 않았다면 다시 한 번 읽어보고 자신의 경우에 맞게 연습해야 한다. 먼저 글로 쓰는 연습을 하고 동료들과 함께 말로 연

습하면 좋다. 이런 과정을 반복해서 완전히 내 것으로 만들어야만
세일즈 현장에서 효과적으로 사용할 수 있다.

구매 욕구를
강화하는 질문

세계경영연구원IGM 협상스쿨의 최철규 원장이 조선일보에 기고
한 글에 다음과 같이 웅진그룹 윤석금 회장의 일화가 나온다.

그는 백과사전 외판원이었다. 하루는 연탄가게 앞에서 바쁘게 연탄을 나르는
남성을 만났다. 그가 "사장님, 계세요?"라고 말을 붙였다. 얼굴에 검은 석탄가
루를 묻힌 남자가 "제가 사장입니다."라고 대답했다. 사장과 직원의 구분이 없
을 정도로 작고 허름한 가게였다. 연탄 몇 장을 함께 나르던 그가 다시 말을 건
넸다.

"혹시 집에 백과사전 필요하지 않으세요?"

가격을 들은 주인은 기겁하며 손을 저었다. 하지만 그는 가게 주인의 말 속에

녹아 있는 마음을 읽으려고 했다. 자녀들이 자신과 다른 삶을 살길 바라는 부정(父情)을 느낄 수 있었다. 설득이 이어졌다.

"지금 이렇게 고생하시는 것도 모두 자식을 위해서 아닙니까? 자녀분들이 가게를 물려받아 평생 연탄을 나른다고 생각해보세요. 그렇게 안 되려면 자녀들이 많이 배워야 합니다. 하고 싶은 일을 하면서 살게 해야죠."

그러자 결국 계약서 위로 연탄재 묻은 주인의 손이 올라갔다.

여기서 윤석금 회장이 던진 질문이 바로 심화 질문과 해결 질문이다. 윤 회장의 질문을 다시 살펴보자. "지금 이렇게 고생하시는 것도 모두 자식을 위해서 아닙니까? 자녀분들이 가게를 물려받아 평생 연탄을 나른다고 생각해보세요. 그렇게 안 되려면 자녀들이 많이 배워야 합니다. 하고 싶은 일을 하면서 살게 해야죠."라는 부분이 심화 질문에 해당한다. 자식들이 공부하지 않으면 당신처럼 힘들게 연탄 배달이나 하며 살아가야 한다고 살짝 겁을 주고 있지 않은가? 그리고 곧바로 백과사전으로 공부했을 때 자녀들의 미래를 머릿속에 그리게 하고 있다. "그렇게 안 되려면 자녀들이 많이 배워야 합니다. 하고 싶은 일을 하면서 살게 해야죠."라면서 말이다.

이 말 한마디로 연탄가게 사장의 머릿속에는 어떤 그림이 그려졌을까? 자녀들이 자신처럼 힘들게 연탄 나르는 모습 위로 책상 앞에 편히 앉아 일하는 모습이 겹쳐졌을 것이다. 이 말은 질문 형식을 띠진 않지만 백과사전으로 공부한 자녀들의 미래를 머릿속에 그리도록 유도하고 있다. 이를 통해 결국 연탄가게 사장은 비싼 백과사전을 구매하게 되었다.

해결 질문은 고객이 얻을 효과를 고객 스스로 말하도록 하는 것으로, 고객의 욕구와 필요성 강화에 매우 중요하다. 해결 질문은 지금 지닌 문제가 해결되면 고객에게 어떤 이익이 있을지 좀 더 명확하고 구체적으로 깨닫게 한다. 앞의 질문들이 고객의 문제에 초점을 맞추었다면 해결 질문은 고객의 관심을 해결책으로 전환해 기대감을 갖게 한다. 해결 질문을 좀 더 쉽게 이해하기 위해 다음 질문들을 살펴보자.

- "혈액순환 개선이 고객님의 가장 중요한 문제인가요?"
- "다른 문제보다 혈액순환 개선이 필요한 이유가 있나요?"
- "혈액순환이 잘되는 방법이 있다면 어떻게 하시겠습니까?"

위의 질문들은 혈액순환 개선이 고객에게 반드시 필요하고 혈액순환이 개선되면 좋은 이유를 고객 스스로 답변하도록 유도하고 있다. 이처럼 해결 질문은 문제가 해결되면 고객에게 무엇이 좋을지 스스로 말하게 하고, 세일즈맨에게 문제의 해결 방법이 있음을 슬쩍 흘리는 유도 기제다. 고객이 얻을 이익을 스스로 말하게 함으로써 해결책에 대한 욕구, 즉 구매 욕구가 생기도록 만드는 것이다.

제품 가격이 비교적 저렴하다면 탐색 질문과 심화 질문만 잘해도 구매율을 높일 수 있다. 고객은 자신의 문제가 반드시 해결될 것이라는 확신이 없더라도 가격이 저렴하면 '아니면 말고' 식으로 구매할 수 있기 때문이다. 하지만 가격이 비싸면 고객은 신중해질 수밖에 없다. 그때 해결 질문은 고객의 구매 결정에 중요한 역할을 한다. 고객은 질문에 답하면서 문제가 해결되면 자신에게 어떤 이익이 있는지 머릿속에 그리기 시작한다. 이처럼 해결 질문은 해결책에 대한 기대감을 키워 구매 욕구에 불을 붙이는 효과가 있다. 다음은 해결 질문을 할 때 쓰이는 전형적인 표현들이다.

- "~하면 얼마나 좋을까요?"
- "~하면 신나지 않겠어요?"
- "~하면 자랑스럽지 않을까요?"
- "~한다면 ~을 상상해보세요. 좋지 않겠습니까?"
- "~하면 어떻겠습니까?"

이 문장에 당신이 취급하는 제품으로 문제를 해결하면 고객에게 어떤 이익이 있을지 대입해 질문하면 된다.

- "엄마의 건강한 모습을 보면 누가 가장 기뻐할까요?"
- "간 기능이 좋아지면 회사 업무에도 얼마나 도움이 될까요?"
- "간 기능 개선이 고객님께 왜 중요할까요?"

- "고객님의 피부 문제를 해결하려면 어떡해야 할까요?"

- "건조한 피부를 개선하려면 어떤 방법이 있을까요?"

- "피부가 건조하지 않고 하루 종일 촉촉하다면 정말 좋겠죠?"

- "자녀들을 위해 대비책이 필요하지 않을까요?"

- "고객님 자녀들의 상속세 부담을 줄일 방안이 있다면 그럴 생각이 있으신가요?"

- "은퇴 후 지금과 같은 생활 수준을 유지하려면 무엇이 필요하겠습니까?"

- "좋은 책이 왜 중요할까요?"

- "자신의 목표와 꿈이 확실하면 자녀가 어떻게 될까요?"

- "자녀의 정서가 안정되면 가장 좋은 점이 무엇일까요?"

- "깨끗한 물이 중요한 이유가 무엇일까요?"

- "왜 문제 해결이 중요한가요?"

- "문제 해결은 어떤 의미가 있습니까?"

당신이 취급하는 제품이 별로 비싸지 않다면 굳이 해결 질문까지 할 필요는 없을 것이다. 그러나 고객에게 반드시 필요한 제품이지만 가격 때문에 구매를 미루려고 한다면 앞에서 공부한 심화 질문이나 해결 질문으로 구매를 앞당길 수 있다. 다만 질문을 스스로 연습하지 않으면 무용지물이다.

6

부정적인 고객,
질문으로 상대하기

애초부터 부정적인 고객이 있다. 영업 현장에서는 세일즈맨만 보면 슬금슬금 피하는 사람을 얼마든지 볼 수 있다. 그들은 무슨 말을 해도 들으려 하지 않는다. 그렇다고 물러설 것인가? 그럼 아무것도 할 수 없다. 그들에게 내 말 좀 들어달라고 길게 상품 설명을 늘어놓을 것인가? 부정적인 고객은 그런 기회조차 주지 않는다. 상품 설명을 하더라도 꼬투리만 잡는다. 세일즈맨은 거절을 두려워하지만 고객들은 구매를 두려워하기 때문이다.

당신도 세일즈맨에 홀려 덜컥 구매했다가 후회한 적 있지 않은가? 부정적인 고객은 그런 실수를 다시는 저지르지 않겠다고 자기방어를 하는 것이다. 고객이 눈길도 안 주고 쌀쌀맞게 대하고 툴툴

거린다고 해서 상처받지 말라. 그들의 불친절은 세일즈맨에 대한 것이 아니다. 스스로를 방어하는 것이다. 당신은 그들의 방어를 뚫고 들어가기만 하면 된다. 그런 고객일수록 마음의 문만 열리면 충성고객이 될 가능성이 높다.

부정적인 고객에게 접근할 때 제품 성능은 큰 의미가 없다. 실력 없는 세일즈맨일수록 다음과 같은 말로 상품의 장점·효능·효과·이점을 설명해 고객의 마음을 열려고 하지만, 부정적인 고객은 더욱 굳게 문을 닫아버린다.

- "고객님, 이 제품은 수 년간 연구 개발로 성능을 대폭 향상시킨 최신 제품입니다. 저희 회사에서 심혈을 기울인 제품이죠. 고객님을 만족시켜드릴 수 있을 것입니다."
- "이 제품은 다년간 연구·개발한 특허제품입니다. 기존 제품보다 3배나 효과를 향상시켰고 이 분야 최고 제품이라고 자부합니다."

그러면 고객은 '그래서? 뭐 어쨌다고?', '그게 나와 무슨 상관인데?'라고 반문할 것이다. 단지 겉으로 하지 않으니 모를 뿐이다. 고객이 마음을 열지 않고 계속 부정적인 태도를 보이고 있다면 고객은 이렇게 반문하고 있는 것이다. 이런 상황에서 상품 설명을 계속한다면 고객의 빗장을 풀 수 없다. 부정적인 고객에게는 제품 성능이나 효과를 먼저 말하면 안 된다. 고객의 문제부터 짚어야 한다. 건강기능식품을 취급하는 세일즈맨의 말을 들어보자.

고객의 문제를 짚어내려면 질문해야 한다. 당신이 취급하는 서비스나 제품으로 해결할 수 있는 고객의 문제에 집중해야 한다. 더욱이 문제를 약간 과장할 필요가 있다. 다음 예문을 보자.

- 세일즈맨: "고객님은 아침에 일어나시면 얼굴도 붓고 종아리도 붓죠?"
- 고객: "그러다가 오후가 되면 빠져요."
- 세일즈맨: "왜 그런지 의심 안 해보셨어요?"
- 고객: "견딜 만하니 그냥 지내는 거죠. 병원 갈 시간도 없고. 병원 가는 게 두렵기도 해요. 혹시 큰 병이면 어떡해요?"

- **세일즈맨**: "맞아요. 많은 분들이 바쁘고 두려워 병원에 안 가시더라고요. 그런데 언제부터 얼굴과 종아리가 부었나요? 고객님의 증상을 좀 더 자세히 말씀해주실래요?"
- **고객**: "몇 개월 된 거 같아요. 몸이 부으면서 허리가 자주 아파요. 파스를 붙여보았는데 효과가 없더라고요. 이상하게 전보다 소변도 자주 보는 것 같아요."
- **세일즈맨**: "고객님, 그런 문제를 방치하시면 안 돼요. 나중에 일도 못하세요. 지금이야 증상이 약하니까 견딜 수 있지만 더 심해지면 어쩌시려고요."
- **고객**: "그럼 어떡해야 돼요?"

자, 보라. 고객의 입에서 "그럼 어떡해야 돼요?"가 나오면 게임 끝이다. 당신은 고객의 입에서 이 말이 나오도록 유도해야 한다. 세일즈맨은 아직 제품 효과에 관한 이야기는 꺼내지도 않았다. 해결책은 입도 뻥긋하지 않았다. 오직 고객의 문제에만 집중했을 뿐이다. 위기감을 느낀 고객이 먼저 해결책을 묻지 않는가? 자, 이제 부정적인 고객을 상대하는 방법을 정리해보자.

① 설명하지 말고 질문한다. 질문으로 고객의 문제를 밝혀낸다.
② 제품을 구매하라고 말하지 않는다. 고객이 해결책을 요청하도록 유도하라.
③ 고객의 문제를 키워라. 고객이 위기감을 느끼도록 만들어야 한다.

여기까지만 설명하면 세일즈맨들은 이해는 하지만 현장에 적용하는 데는 실패한다. 그래서 따라하면 좋은 전략을 소개한다. 미국 최고의 세일즈 코치 댄 사이드먼Dan Seidman의《잘 파는 세일즈맨의 비밀 언어》에 나오는 방법이다. 먼저 백지 한 장을 준비하고 다음과 같이 실행하라.

- 1단계 : 종이 한 장을 꺼내 선을 긋는다. 왼쪽 위에는 '혜택'이라고 쓰고, 오른쪽 위에는 '문제점'이라고 쓴다. 왼쪽에는 당신 제품이나 서비스로 고객들이 얻을 모든 장점을 열거하라. 각 혜택들을 살펴보고 그에 반하는 문제점을 확인하는 것은 쉽다. 예를 들어 신차는 명성이 높고(혜택) 남에게 운전하는 모습을 보이기 민망할 만큼 오래된 차(문제점)와 대조를 이룬다. 당신이 취급하는 제품으로 표를 만들어보라.

|표 4| 제품의 혜택과 문제점 비교

혜택	문제점
·신차를 소유함으로써 높아지는 위신	·차가 낡아 점심 약속 때 고객을 태우기 민망함
·멋진 색상	·성공하지 못했다는 인상을 풍기는 오래된 외관
·정지 상태에서 시속 100㎞까지 가속하는 데 걸리는 시간: 약 8초	·교통 체증에 걸리면 위험해짐
·꿈같은 승차감과 핸들링	·울퉁불퉁한 구간에서 충격과 진동이 심해짐
·10만 마일까지 무상 품질보증	·매달 브레이크 고장 때문에 가슴을 쓸어내려야 함

• **2단계** : 종이 한 장을 더 준비해 각각의 혜택, 문제점과 관련된 감정을 불러일으킬 질문 목록을 작성하라. 이 단계에서 영업의 재미를 느낄 수 있다. 또한 실질적으로 고객맞춤형 대화를 시작하는 단계이다. 물론 문제를 짚는다고 해서 너무 노골적으로 문제를 말하면 고객은 기분이 나쁠 수도 있다. 완곡어법과 질문으로 고객의 기분을 상하지 않게 하면서 문제를 들추어내야 한다.

5장

마음을 흔드는
설득법

1

설득의 시작은
어디인가

거의 모든 세일즈는 고객의 '아니오'로 시작한다. 따라서 고객이 '아니오'라는 상황을 제대로 이해하는 것이 설득의 첫걸음이다. 그들이 '아니오'라고 하는 진짜 이유를 파악하는 것이 중요한 것이다. 그들이 '아니오'라고 하는 진짜 의미는 다음과 같은 것들 때문이다.

· 구입할 준비가 안 되어 있다.

· 지출에 따른 우선순위가 있다.

· 그런 결정을 하고 싶지 않다.

· 당신을 어떻게 믿을 수 있겠는가?

그들이 말하는 진정한 의미를 이해하는 것은 매우 중요하다. "나를 설득하시오. 포기하지 마시오. 당신은 정말 당신이 하는 일을 믿습니까? 당신은 정말 날 돕고 싶습니까?"와 같은 사항들이 고객뒤에 숨은 진짜 모습이다. 이를 인식하고 이해하면 당신의 태도에 엄청난 변화가 생긴다. 성공적인 세일즈맨은 세일즈에 대한 저항, 즉 거절, 두려움, 망설임 등을 자연스런 것으로 이해한다. 오히려 그것에 감사하기까지 한다. 그런 저항이 없다면 세일즈맨과 세일즈맨의 서비스는 거의 필요가 없기 때문이다.

사람들은 자신의 니즈를 쉽게 인식하지 못하고 제품이나 서비스를 올바로 이해하지 못한다. 그것 때문에 고객의 저항은 세일즈맨의 활동에 생동감을 불어넣고, 세일즈맨은 세일즈를 즐길 수 있는 것이다.

세일즈맨은 자신을 설득할 수 있는 만큼 다른 사람도 설득할 수 있다. 고객은 구매는 물론 만남도 거절할 수 있다는 사실을 인식하고 준비해야 한다. 준비를 잘 할수록 마음의 문을 여는 것은 쉬워진다. "학생이 준비되어야 스승이 나타난다."라는 격언처럼 세일즈맨이 준비하고 있어야 고객이 나타난다. '아니오'라는 고객의 마음을 열기 위한 준비는 자신에 대한 믿음에서 출발한다.

무엇을
설득해야 하나

1. 자신을 설득하라

살아가면서 처음부터 끝까지 마음이 통하고 생각이 같은 사람을 만날 수 있을까? 심지어 자신을 낳아준 부모, 피를 나눈 형제도 생각이 다르다. 오랜 세월 함께 산 부부, 즐겁거나 괴로운 상황을 함께한 친구도 예외가 아니다. 하물며 물건을 좀 더 비싸게 팔고 싶은 세일즈맨과 조금이라도 싸게 사고 싶은 고객은 어떻겠는가? 처음부터 입장이 다르므로 생각이 같을 수가 없다.

이런 상황에서 자신의 뜻을 관철시키려면 타인을 설득해야 한다. 그런데 생각도 다르고 입장도 다른 사람을 어떻게 설득할 것인가?

세상만사에 순서가 있듯이 설득에도 순서가 있다. 상대방을 설득하려면 자신부터 설득해야 한다. '나라면 이 선택을 할까?'라고 자문하고 스스로 '예'라는 답을 얻어야 한다. 마음속에 연기처럼 떠도는 막연한 생각을 확실히 만들 수 있다면 설득에 성공할 수 있다. 설득을 잘하는 사람은 말을 잘하는 사람이 아니라 확고한 신념을 가진 사람이다. 자, 자신에게 이렇게 질문해보자.

· '자신이 이루고 싶은 것은 무엇인가?'
· '자신의 메시지를 고객에게 어떻게 분명히 전달할 것인가?'
· '자신의 신뢰도를 높일 방법은 구체적인가?'
· '고객을 설득하는 데 어떤 법칙을 활용하려고 하는가?'
· '자신의 설득으로 고객으로부터 어떤 행동을 기대하는가?'

2. 고객의 닫힌 마음을 열어라

우리 삶은 인간과 인간의 만남이다. 만나는 사람들이 같은 방향을 보려면 생각의 방향을 함께 해야 한다. 이런 맥락에서 보았을 때 설득은 세상을 잘 살아가기 위한 기본적인 소통 수단이다. 고객을 설득하려면 고객의 마음부터 움직여야 한다. 마음의 문을 열고 싶다면 시작은 머리에서 하더라도 끝은 가슴에서 맺어야 한다. 논리

적으로 고객을 설득하는 것도 중요하지만, 결국 마음을 움직여야
진정으로 설득할 수 있다.

사람들은 저마다 마음속에 보이지 않는 담을 쌓고 살아간다. 고객
을 설득하려면 그 담부터 넘어야 한다. 오랜 시간 갖가지 미사여구
를 동원해도 미동도 않던 사람이 한 순간 설득되는 경험을 한 번쯤
해봤을 것이다. 어느 순간 한마디가 고객의 마음을 열었기 때문이다.
'어떤 한마디'가 마음의 문을 여는 '자동 스위치'를 누른 것이다.

이 세상에는논리적으로 설명할 수 없는 것이 무수히 많다. 때로는
논리라는 속박에서 벗어나 고객의 마음의 문을 두드리는 노력이 필
요하다. 고객의 마음을 열려면 논리가 아닌 감정을 움직여야 한다.

세일즈맨에게 정말 힘든 고객은 누구일까? 매사 반대하고 거절
하고 비판하는 고객일까? 아니면 어떤 제안에도 반응하지 않고 겉
으로만 친절한 고객일까? 대부분은 후자가 훨씬 어렵다고 말한다.
즉, 무반응이 거절보다 설득하기 어렵다. 속을 어느 정도 아는 자녀
나 배우자들도 반응을 안 보이면 답답한데 처음 만나거나 몇 번 만
나지도 않은 고객이 무반응으로 일관한다면 정말 답답할 것이다.

3. 강박관념에서 벗어나게 하라

사람들은 각자 상황에 따라 마음의 문을 닫고 있다. 고객들은 뭔

가에 쫓기는 감정 상태, 즉 강박관념에 사로잡히면 당신의 말에 집
중할 수 없다. 당신이 설득하려고 해도 그들은 딴 곳을 쳐다보며 상
념에 빠질 수 있다. 그런 고객에게는 어떻게 대처해야 할까? 기분을
상하게 하지 않기 위해 우회적이거나 비유적인 표현으로 설득하는
것은 시간 낭비일 뿐이다. 그렇다고 강압적인 행동으로 집중시키라
는 말은 아니다. 강하지 않으면서도 직접 대응해야 한다. 부드럽되
힘 있게 말해야 한다.

"지금 당신의 마음을 사로잡고 있는 것은 무엇입니까?"라는 질문
을 던지면 고객은 반응한다. 별것 아니라며 회피하거나 다음에 애
기하자며 시간을 끌 수도 있다. 고객이 반응하면 대응 방법과 설득
의 단초를 찾을 수 있다. 설득 스킬을 활용해 고객과 당신이 원하는
결론의 공통분모를 찾아 설득을 더 쉽게 진행할 수도 있다.

4. 성격을 설득하라

성격을 말할 때 흔히 '외향적이다', '내성적이다'라고 표현한다. 세
일즈 결과를 떠나 내성적인 고객을 만나면 설득에 많은 어려움을
겪게 마련이다. 자신의 관심이나 입장을 표현하지 않기 때문이다.
앞에서 말했듯이 내성적인 고객들은 무반응으로 대응하기 일쑤다.
그들과 관계를 맺고 신뢰를 쌓으려면 오랜 시간이 필요하다. 세일

즈맨이 장기적인 거래를 원한다면 시간이 다소 걸리더라도 그들과 친분을 쌓는 것은 가치 있는 일이다. 단기적 성과에는 별 영향을 미치지 못하겠지만 미래에 큰 도움이 되기 때문이다.

그들의 마음을 열려면 적절한 질문이 필요하다. 내성적인 사람들에게는 '예', '아니오'로 답하는 닫힌 질문을 피하는 것이 좋다. '6하원칙'을 묻는 열린 질문이 필요하다. '누가, 무엇을, 언제, 어디서, 왜, 어떻게'로 시작하는 질문을 한다면 아무리 내성적이라도 '예', '아니오'로 답할 수는 없기 때문이다. 그런 고객에게는 다음과 같이 질문해보라.

- "이건 어디서 구매하셨나요?"
- "언제부터 사용하셨나요?"
- "죄송하지만 얼마에 구매하셨어요?"
- "디자이너가 누구인가요?"
- "구매하게 된 가장 큰 이유는 무엇이었습니까?"
- "이 서비스는 어떻게 알게 되셨나요?"

이런 질문들을 던진다면 내성적인 고객도 어쩔 수 없이 자세히 답할 것이다. 그것을 통해 당신은 고객을 설득의 장으로 끌어낼 수 있다.

5. 무관심을 설득하라

고객들이 마음의 문을 굳게 닫는 다른 이유로는 무관심이 있다. 그런 고객들은 세일즈맨을 만날 때뿐 아니라 일상적으로 무기력하다. 이런 고객들을 설득하려면 어떤 방법이 효과적일까?

그들에게 비즈니스 내용으로 접근하는 것은 바람직하지 않다. 무관심을 깨려면 어느 정도 비업무적인 대화가 필요하다. 계절이나 스포츠, 예능 등 가벼운 주제로 대화를 시작하면 도움이 된다. 여성에게는 TV 드라마도 훌륭한 소재다. 고객의 관심 분야를 찾으려면 다양한 시도가 필요하다.

가벼운 대화로 그들의 생각을 현실로 끌어들인 후 비즈니스 내용을 언급해도 늦지 않다. 고객의 눈에 생기가 돌고 활발한 움직임이 보이면 설득을 시작할 때다. 이때가 되면 고객은 당신의 제안에 관심을 보이기 시작한다. 무관심이 관심으로 바뀌는 그때가 바로 설득을 시도할 순간이다. 미래에 일어날 수 있는 어려움을 현실에서 인식하도록 만드는 것도 무관심한 고객을 설득시키는 중요한 핵심이다.

6. 두려움에서 벗어나게 하라

고객은 구매 결정을 할 때 두려워한다. 지금 내리는 결정이 잘된 것인지, 옳은 것인지, 대안은 없는지 많은 걱정을 한다. 그때 결정을 내리지 못하고 왜 주저하는지 자세히 관찰해야 한다. 고객의 걱정과 두려움을 자세히 들여다보면 대개는 남들의 시선이나 평가와 관련되어 있다. 고객들은 남들로부터 올바른 결정이라는 동의를 직·간접적으로 얻고 싶어 한다. 그것이 충족되지 않으면 의사 결정을 앞둔 고객들의 두려움은 커져만 간다.

이런 유형의 고객은 의외로 쉽게 알아볼 수 있다. 평소 속 깊은 이야기도 서슴지 않고 쉽게 털어놓던 사람들도 구매를 결정하는 순간에는 의사를 밝히지 않기 때문이다. 그들은 대부분 걱정이 많은 편이다. 특히 다음과 같은 부분에서 남들의 시선을 의식한다.

- '지금 살까? 좀 더 기다릴까?'
- '이 가격이 가장 쌀까?'
- '현금으로 할까? 카드로 할까?'
- '일시불로 할까? 할부로 할까?'
- '결정하기 전에 배우자의 의견을 들어볼까?'
- '친구들이 잘 샀다고 할까?'

이렇게 타인의 의견이나 시선을 두려워하는 고객은 어떻게 설득하는 것이 좋을까? 고객의 관심을 얻으려는 형태의 질문은 오히려 해가 될 수 있다. 이런 유형의 고객에게는 질문을 자제해야 한다. 그들이 질문을 던지더라도 필요한 부분만 선별적으로 답해야 한다. 짧은 제안을 한 후 조용히 결정을 기다리는 것이 그들의 두려움을 없애주는 방법이다. 말수를 줄이는 것이 그런 고객을 설득하는 지름길이다.

7. 화를 설득하라

앞서 살펴본 고객들은 각자 다른 감정 상태지만 큰 틀에서 보면 스스로 자제가 가능한 범위의 고객들이다. 그런 범주에서 벗어난 감정 상태로는 어떤 것이 있을까? 대표적인 예가 '화'난 상태 아닐까 싶다. 그렇다면 화를 이기지 못해 합리적으로 행동하지 못하는 사람은 어떻게 설득해야 하나? 평상심으로 행동하는 고객과 달리 화가 나 비논리적으로 행동하는 고객을 설득하려면 다른 방법이 필요하다.

화가 난 고객을 상대하는 것은 매우 힘든 일로, 굳은 마음가짐이 필요하다. 우리는 다른 사람들을 만날 때 즐겁고 행복한 경험을 기대한다. 하지만 갑자기 예상 못한 변수가 강편치를 날리기도 한다. 얼떨결에 한 방 맞고 무슨 일이 있었는지 가만히 돌아보면 허탈할 뿐이다. 이렇듯 화난 사람을 만나면 예기치 못한 일들이 발생할 수 있다. 그럴 땐 어떻게 대처해야 할까?

화난 고객은 우선 피해야겠지만 쉽지 않다면 원인부터 찾아야 한다. 당신 때문에 화가 났는지 다른 사람이나 상황 때문에 화가 났는지 파악해야 한다. 다른 사람이나 상황 때문에 화가 났으면서도 당신에게 화를 낸다면 어렵지 않게 알 수 있다. 과거의 안 좋은 기억 때문에 당신에게 화를 낼 수도 있다. 그런 경우에는 적정선까지 들어줄 필요가 있다. 그들은 화가 난 이유에 대해 누군가와 얘기를 나누고 싶어 할 것이다.

만약 화를 낸 이유가 당신 때문이라면 어떡해야 할까? 상대방의 화를 부정하거나 비웃으면 사태는 걷잡을 수 없이 진행될 수도 있다. 그럴 때는 사과가 답이다. 진심어린 사과 한마디가 고객의 화를 잠재울 수 있다. 화를 못 이겨 얼굴이 달아오른 사람과 맞서는 것은 효과적이지 않다. 피해야 한다. 고객과 정면으로 맞서서 쓸데없이 상황을 악화시켜선 안 된다. 진심어린 사과와 고객이 원하는 것을 알아서 채워준다면 화난 고객을 내 편으로 만들 수 있다.

3

설득의 기본

상담할 때 고객의 입에서 '아니오'가 덜 나오게 하려면 먼저 해박한 제품 지식을 바탕으로 고객의 입장에서 설명해 신뢰를 쌓아야 한다. 그렇다면 숙지한 제품 지식으로 좀 더 효과적으로 설득하는 방법에는 어떤 것이 있을까?

1. 시각 자료를 보여주어라

고객에게 제품 설명을 하고 100분 후 그 내용을 얼마나 기억하는지 실험했다. 말로만 했을 때는 4%를 기억했지만 카탈로그 같은 시각 자료를 주면 19%, 마지막으로 시각 자료와 함께 말로 설명했더니 70%를 기억했다. 시각 자료를 함께 활용하면 고객은 오랫동안 기억할 수 있고, 제품에 강한 인상을 심어줄 수 있다. 그러면 당연히 구매에 관심을 갖게 된다. 마트의 시식코너에 가면 음식 모형을 볼 수 있다. 왠지 그걸 보면 식욕이 더 자극되지 않던가? 시각 자료로는 카탈로그, 브로슈어, 신문 자료 등을 활용하는 것이 좋다.

고객의 궁금한 사항과 관련된 동영상을 보여주는 것도 좋다. 종이 자료(카탈로그 등)도 좋지만 IT기기를 활용하면 고객은 시대 변화에 능동적으로 대처하는 모습에 더 높은 점수를 줄 것이다. 또한 통계, 데이터를 사용해 정확성을 더하면 효과를 보다 높일 수가 있다.

활자화된 글자의 힘을 활용하는 것은 신뢰를 구축하는 가장 확실한 방법 중 하나다. 인간의 오감 중 상황에 가장 잘 반응하는 것은 시각과 청각인데, 대부분 청각보다 시각에 더 예민하게 반응한다고 한다. 물론 사람에 따라 다르지만, 대체로 귀로 들은 것보다 눈으로 본 것을 더 잘 기억한다고 한다. 글로 전달하는 메시지가 더 설득력을 지니는 이유가 여기에 있다.

요즘 TV 예능 프로그램을 보면 출연자의 표정이나 대사와 함께 자막을 적극 활용하는 것을 볼 수 있다. 심지어 자막 유무로 예능 프로그램의 성공 여부를 판단한다는 사람도 있을 만큼 활자의 영향력은 크다. 신뢰성이 중요한 뉴스 프로그램에서도 활자를 적극 활용하고 엄청난 동영상 자료가 범람하는 21세기에도 종이 신문이 그

위상을 굳건히 지키고 있는 것도 이 때문이다. 고객들은 세일즈맨의 말보다 활자화된 내용, 브로슈어의 내용을 신뢰한다.

2. 고객이 신뢰한다는 착각에서 벗어나라

많은 세일즈맨들이 '고객이 자신을 신뢰한다.'는 착각에 빠져 있다. 하지만 고객이 당신을 믿지 않는다고 생각해야 성공적으로 세일즈를 할 수 있다. 만약 누군가가 당신의 신뢰성에 의문을 제기한다면 당신은 돌이킬 수 없는 마음의 상처를 입을 것이다. 고객이 '당신의 능력을 증명해보라.'라는 태도를 취하고 있음을 인정해야 한다. 그래야만 고객이 '아니오'라고 거절할 때 마음의 상처를 받지 않고 고객의 숨은 의도와 니즈를 발견할 수 있다.

당신을 좀처럼 믿지 않으려는 고객을 불쾌하게 여기지 마라. 고객이 신뢰하고 있다는 착각에서 벗어나야만 고객들이 신뢰하고 싶어 하는 것이 무엇인지 알 수 있다.

3. 고객의 신뢰 수준에 맞추어 설명하라

고객의 기대를 뛰어넘는 해결책이 있더라도 고객이 당신의 설명을 신뢰하지 않는다면 주장의 강도를 낮춰야 한다. 부정적인 고객에게는 그들의 눈높이에 맞추어 제품이나 서비스의 우수성을 조금 낮추어 설명하는 편이 판매 가능성을 높일 수 있다. 진실을 말하고 있더라도 고객이 그 말을 의심한다면 그를 설득할 가능성은 희박해진다. 물론 설득할 때는 흥미진진하고 열정적인 자세를 취해야 한다. 하지만 당신의 주장이 신뢰를 잃는 순간, 성공 가능성은 급감한다.

지난 수십 년 동안 많은 심리학자들은 두려움이 설득 수단으로 효과가 있는지 연구해왔다. 연구를 시작한 지 얼마 후 사람들은 강한 협박만큼 약한 협박에도 쉽게 설득당한다는 사실을 알게 되었다. 학자들의 연구에 따르면, 사람들은 두려움을 믿을 때 위협을 느끼고 설득을 당한다. 그리고 두려움에 의심을 품기 시작하는 순간, 설득력은 한순간에 사라진다. 따라서 신뢰를 얻으려면 기본적으로 고객이 믿을 만큼 설명의 수위를 조절해야 한다. 당신에게 고객의 기대를 뛰어넘는 제품이나 서비스가 물론 있을 수도 있다. 그러나 고객이 그 사실을 신뢰하도록 설득하려면 제품의 우수성을 고객의 눈높이에 맞추어 설명하고 설득하는 것이 바람직하다.

4. 약점도 설득의 중요한 무기다

개인이든 제품이든 약점은 있다. 누구나 약점은 있지만 드러나는 것을 좋아하진 않는다. 감추고 싶은 약점을 드러내려면 큰 용기가 필요하다. 자신의 약점을 드러내는 것은 아무나 할 수 있는 행위가 아니다. 눈으로 분별하기 어려울 정도의 흠집이 있으면 대부분은 그냥 판매한다. 고객이 발견하고 클레임을 제기하지 않는 한 그냥 넘어가려고 한다.

하지만 먼저 약점을 밝히고 할인해 판매한다면 금전적으로는 작은 손해를 볼지 모르지만 신뢰를 얻을 수 있다. 자신의 약점을 공개하는 방법으로 고객을 설득하기가 더 쉬워진다. 그것이 오히려 설득하는 세일즈맨의 주장을 믿도록 만들기 때문이다. 약점은 활용하기에 따라 장점보다 강력한 무기가 된다.

5. 구체적인 수치가 신뢰도를 높인다

사람들은 연설이나 강의를 들을 때 나열식으로 하는 설명보다 정확한 수치를 믿는 경향이 있다. 이것은 대중의 마음을 파고들어야 하는 광고에서도 많이 사용하는 기법으로, 특정 고객을 구매로 유도하는 세일즈맨들에게는 설득력을 높이는 매우 유용한 방법이다. 이물질이 섞이지 않은 순금을 설명할 때 99.9%라는 수치를 함께 언급하면 금의 순도에 대한 신뢰가 더욱 커진다. 그러니 신뢰를 얻길 원한다면 구체적인 수치를 활용하라. 신제품의 정보 처리 속도가 2

배 빠르다고 말하는 것보다 처리 시간이 105% 감소했다고 주장하는 것이 더 효과적이다. 단순히 2배라는 표현은 정확한 느낌을 주는 데 다소 미흡하다. 하지만 끝자리까지 정확한 수치를 표현하는 것은 신뢰도를 높여준다.

고객의 결정 기준을 바꾸어라

처음 만났더라도 정보를 쉽게 받아들이고 즉시 구매를 결정하는 고객이 있는 반면, 여러 번 만나고 나서야 구매를 결정하는 고객도 있다. 모두 좋다. 세일즈맨을 정말 환장하게 만드는 것은 미지근한 고객이다. 사겠다는 건지 말겠다는 건지 종잡을 수 없는 고객 말이다. 당신도 한두 번은 그런 고객을 경험했을 것이다.

그렇다면 쉽게 결정 내리지 못하는 고객은 왜 그런 것일까? 기본적으로는 아직 확신이 없기 때문이다. 물론 성격이 우유부단해서 결정을 내리는 데 어려움을 겪는 고객도 있을 것이다. 그렇다고 고객을 탓할 수는 없지 않은가? 신중한 고객이라면 당연히 구매 결정을 하는 데 더 많은 정보를 원할 것이다. 보험이나 자동차, 건강기능식품 등을 정확한 정보도 없이 세일즈맨의 말만 듣고 덜컥 구매했다가 낭패본 사례는 무수히 많다. 망설이는 고객이 있다면 당신이 할 일은 확신을 주는 것이다.

그러려면 먼저 고객의 결정 기준을 파악해야 한다. 그래야만 고객이 만족할 만한 정보를 줄 수 있지 않겠는가? 그때 쓸 만한 질문으로는 "고객님은 구매하실 때 가장 중요하게 생각하시는 게 무엇입니까?"가 있다. 때로는 "고객님, 도대체 망설이는 이유가 무엇입니까?"와 같은 도전적인 질문도 필요하다.

이런 질문을 받고 고객이 중요하게 생각하거나 망설이는 이유를 말했다면, 그것이 고객의 구매 결정 기준이다. 그것은 가격이 될 수도 있고, 품질이 될 수도 있다. 고객의 결정 기준을 알아냈다면 그다음으로 할 일은 결정 기준에 영향을 미치는 것이다. 제품의 장점이 구매 결정 기준과 부합되도록 바꾸는 것이다. 고객의 결정 기준 중 당신의 제품이나 서비스가 경쟁 업체보다 유리한 점이 있는가? 그것의 중요성과 장점을 부각시켜 고객이 실감하도록 영향력을 미쳐야 한다. 고객이 망설일 때 고객의 결정에 영향을 미치는 것은 세일즈 과정에서 매우 중요하다.

대부분 고객들은 자신이 중요하다고 생각하는 것을 잘 바꾸지 않는다. 그래서 고객의 결정 기준을 바꾸기란 사실 어려운 일이다. 그렇다고 전혀 불가능한 것도 아니다. 성과가 뛰어난 세일즈맨은 고객에게 결정 기준을 다시 생각하도록 설득하는 능력이 뛰어나다.

고객의 결정 기준에 영향을 미치는 데에는 기준 변경, 의미 변경, 장·단점 이용, 대안 만들기가 있다.

먼저 '기준 변경'을 보자. 고객의 결정 기준을 충족할 수 없으면 고객이 결정 기준을 바꾸도록 유도해야 한다. 즉, 제품의 강점을 강조해 그것이 고객의 결정 기준이 되도록 바꾸어야 한다. 기준 변경에서는 세일즈맨이 충족시킬 수 없는 결정 기준을 직접 다루진 않는다. 그것은 고객의 결정 기준을 말하지 않는 대신 다른 영역의 중요성을 강조하는 기법이다.

예를 들어 보험에 가입하려는 가망고객이 보장 내용은 좋은데 보험료 납입 기간이 너무 길어 망설인다고 가정해보자. 그 가망고객의 결정 기준은 보험료 납입 기간이다. 그런 가망고객에게는 보험료 납입 기간이 길어야 매월 납입 보험료가 적고 보장도 크다고 말해주어 결정 기준을 바꾸어야 한다. 건강기능식품의 결정 기준은 '가격과 효능'이다. 가격을 결정 기준으로 삼는 고객에게는 현재의 건강 상태를 설명하고 제품 효능을 강조해 다소 비싸더라도 자사 제품을 구매하도록 하는 것이 기준 변경을 활용한 방법이다.

기준 변경에서 중요한 것은 가망고객의 중요한 결정 기준을 절대로 깎아내리거나 과소평가해서는 안 된다는 점이다. 고객의 중요한 기준을 무리하게 바꾸려는 것은 중요성을 감소시키기보다 강화시킬 위험이 있다. 따라서 최선의 전략은 고객의 결정 기준이 나름대로 중요하다는 사실을 인정하면서 시작하는 것이다.

두 번째 방법은 '의미 변경'이다. 고객이 특정 기준을 충족해야만 제품을 구매한다고 말할 때가 있다. 이런 경우, 그 기준은 자신에게 중요하기 때문에 바꾸기 어렵다는 뜻이다. 그럴 때는 가망고객의 기준을 충족할 수 없더라도 그것이 중요하지 않다고 설득해서는 안 된다. 가망고객의 중요한 결정 기준을 무리하게 바꾸려고 하면 대부분 실패로 끝나거나 논쟁에 빠질 가능성이 높다. 논쟁은 아무 실익이 없다.

그럼 어떤 방법이 효과적일까? 그때 필요한 방법이 바로 '의미 변경'이다. 의미 변경은 가망고객의 결정 기준이 잘못되었다고 말하는 것이 아니라 기준의 의미를 바꿔주는 작업이다. 예를 들어 싼 가격을 원하는 고객이 있다고 가정해보자. 가격이 높거나 낮은 것은 지불 금액의 액수가 많고 적음으로 결정하는 것이 아니라 고객만족도와 관계가 있다. 9천 원짜리 영화와 10만 원짜리 음악회를 예로 들겠다. 9천 원짜리 영화도 재미없으면 돈이 아깝고 비싸다는 기분이 들지만, 10만 원짜리 음악회라도 만족하면 비싸다거나 아깝다는 생각이 들지 않는다.

건강기능식품도 마찬가지다. 가격이 '싸다', '비싸다'라는 의미는 단순히 지불한 금액이 많고 적음의 문제가 아니라 적은 금액이라도 아무 효과가 없으면 비싼 것이고 많은 금액을 지불했더라도 효과가 좋으면 비싼 것이 아니다. 이처럼 세일즈맨이라면 만족도를 강조해 가격의 의미를 바꾸어 줄 수 있어야 한다.

그다음은 '장·단점 이용하기'가 있다. 모든 고객은 가격이 싸면서도 품질이 우수한 해결책(제품이나 서비스)을 원한다. 고객은 제품들을 비교해보면서 가격이 싼 제품은 품질이 떨어지고 품질이 뛰어난 제품은 가격이 비싸다는 사실을 알게 된다. 사실 어떤 제품으로 고객의 기준을 완전히 충족시킨다는 것은 거의 불가능하다. 한 가지가 마음에 들면 다른 것은 마음에 안 들 때가 많다.

장·단점 이용하기는 고객이 가장 중요하게 생각하는 기준이 마음에 들면 다른 것은 손해를 볼 수 있다고 강조하는 방법이다. 품질이 우수한 제품을 원하면 다소 많은 돈을 지불해야 하고 대형 승용차를 원하면 연비에서 손해를 보는 것이 바로 그런 예에 속한다.

방문판매 세일즈맨을 괴롭히는 것 중 하나로 온라인 판매가 있다. 건강기능식품, 화장품, 보험 상품은 저렴한 가격에 온라인에서도 판매된다. 여기에도 '장·단점 이용하기'를 활용할 수 있다. 온라인에서 구매하려는 가망고객에게는 눈으로 보지 않고 상품을 살 때의 위험성과 서비스의 미비점을 단점으로 강조하면 효과적이다. 특히 건강기능식품이나 화장품의 경우, 제대로 유통기한을 확인하지 않고 사면 매우 위험하다는 사실을 알려주는 것도 장·단점 이용하기를 활용한 방법이다.

마지막은 '대안 만들기'다. 위의 3가지 방법으로도 고객의 결정 기준을 만족시키지 못할 때가 있다. 예를 들어 저렴한 가격을 선호하는 고객이 무리한 할인을 요구할 때가 그렇다. 화장품은 그런 경우가 상당히 많다. 그렇다고 포기할 수는 없다. 그럴 때는 피부 관리나 견본품 챙겨주기, 덤으로 주기 등으로 극복해야 한다. 따라서 당신은 제품을 구매하는 고객에게 대안으로 제공해줄 만한 것으로는 무엇이 있는지 고민해야 한다. 이 문제는 고객 관리와도 연결된다. 어떤 유혹에도 흔들리지 않는 충성고객은 세일즈맨이 어떻게 하느냐에 달려 있다.

감성을 자극할
한마디를 찾아라

브라이언 트레이시Brian Tracy가 쓴 《판매의 심리학》에는 구매가 감정의 지배를 받는다는 것을 보여주는 다음의 사례가 나온다.

한 부동산중개인이 어느 부부에게 집을 보여주고 있었다. 그 집은 별로 근사하진 않았지만 뒷마당에 꽃이 핀 체리나무가 있었다. 그것을 본 부인이 소리를 질렀다.

"해리! 저 아름다운 체리나무 좀 봐요. 어릴 때 우리 집 뒷마당에는 체리나무가 있었어요. 나는 항상 꽃이 핀 체리나무가 있는 집에서 살고 싶었어요."

부동산중개인은 부인의 그 말을 머릿속에 새겨 넣었다. 그들이 집을 둘러보는 동안 남편인 해리는 그 집이 썩 내키지 않았는지 이런저런 불만을 늘어놓았다.

"이 집은 카펫을 새로 깔아야 할 것 같군요."

그 말을 들은 중개인이 대답했다.

"그렇군요. 하지만 여기서 밖을 내다보세요. 창문을 통해 아름다운 체리나무가 한 눈에 들어옵니다."

곧바로 밖을 내다본 부인은 체리나무를 보고 미소 지었다. 부동산중개인은 집을 사는 데 그 부인이 최우선 결정권자임을 알고 있었다. 그래서 그녀에게 초점을 맞춘 것이다. 그들이 부엌으로 들어갔을 때 해리는 "부엌이 약간 좁군요. 수도관도 오래된 것 같고."라고 말했다. 그러자 중개인이 그 말을 받아 재빨리 대답했다.

"예, 사실입니다. 하지만 저녁 준비를 하면서 이 창문으로 밖을 보면 아름다운 꽃이 핀 체리나무를 볼 수 있죠."

그들은 2층으로 올라가 나머지 방들을 살펴보았다. 그때 해리는 "침실이 모두 작아요. 벽지도 구식이고. 방은 모두 페인트칠을 새로 해야겠군요."라며 불평을 늘어놓았다. 이번에도 부동산중개인은 체리나무에 집중했다.

"예, 하지만 어느 방에서든 뒷마당의 체리나무를 볼 수 있지요."

집을 모두 살펴봤을 무렵 부인은 꽃이 핀 체리나무에 빠져 다른 것은 눈에 들어오지도 않았다. 결국 그녀는 집을 사겠다는 결정을 내렸다. 그 부동산중개인이 고객의 핫 버튼을 파악했기 때문에 거래가 성사된 것이다.

판매 중인 제품이나 서비스에는 저마다 '꽃이 핀 체리나무'가 있다. 제품이나 서비스에는 고객이 원하는 뭔가가 있다는 뜻이다. 그것이야말로 고객이 진정 얻고 싶어 하는 이득이라 할 수 있다. 당신은 질문과 경청으로 그것을 찾아내야 한다. 그리고 고객에게 구매하면 그것을 얻을 수 있다는 확신을 심어주어야 한다.

고객의 감성을 자극할 '한마디'를 만드는 것은 매우 효과적이다. 세일즈 격언 중 "소고기 대신 지글지글을 팔아라."가 있다. 고객에게 소고기의 특징을 나열하기보다는 고객의 머릿속에 프라이팬에서 소고기가 지글지글 익어가는 모습을 떠올리게 하는 것이 중요하다는 의미다. 생각해보라. 한우 1등급이 어떻고 횡성 한우가 어떻고 마블링이 어떻다고 설명하는 것보다 "이 고기를 프라이팬에 구워 보세요. 고기가 지글지글 익으며….''라는 말이 고객의 감성을 더 자극한다.

전문가들의 광고에는 모두 이런 '지글지글'이 들어 있다. 당신도 제품별로 지글지글을 만들어 놓으면 고객의 호기심을 불러일으키고 감성을 자극할 수 있다. 신문을 보면 이런 광고 문구가 수두룩하다.

· '대한민국 커피만세 ○○○'

· '놀라운 가격, 더 놀라운 혜택'

· '미래를 함께 하는 따뜻한 금융 ○○○○'

· '굿 초이스 ○○'

고객의 감성을 자극하는 결정적인 한마디를 만들려면 자신이 취급하는 제품을 자세히 연구해야 한다. 그러면 그 제품에서 무엇을 강조하고 싶은지 찾아낼 수 있다. 먼저 제품의 장점을 모두 적어보라. 그중에서 가장 독특하고 감동적인 것을 찾는다. 그리고 그것을 다듬으면 고객의 호기심과 감성을 자극할 한마디를 만들 수 있다. 이 프로세스를 정리하면 다음과 같다.

1. 상품을 고른다.

2. 그 상품의 장점을 생각나는 대로 적는다.

3. 2번에서 적은 것 중 가장 독특하고 고객의 감성을 자극할 한 가지를 고른다.

4. 1~2가지를 섞어 제품을 표현해본다.

자, 연습해보자.

판매할 상품	간 기능 개선제
장점	1) 개별 인정형 제품이다. 2) 특허를 받았다. 3) 간 세포를 빠르게 재생시킨다. 4) 피로감을 없애 활력을 준다. 5) 간질환을 개선한다. 6) 7) 8)
독특하고 자극적인 것	피로를 없애 활력을 준다.
한마디	삶에 활력을 주는 ○○○

어렵다고 고민하지 말자. 우리는 전문가가 아니다. TV 광고나 신문 광고를 유심히 살펴보며 모방해보자.

예를 하나 더 들어보자. 다음은 한 생수업체 특판부를 교육할 때 사례로 든 것이다. 사실 일반 고객들은 생수를 모두 '거기서 거기'로 생각한다. 특별함을 모른다. 그러므로 내가 취급하는 생수와 다른 생수의 차이점을 찾아내는 것이 먼저였다.

판매할 상품	생수
장점	1) 동해 고성의 청정 심해에서 취수한 해양심층수 2) 일반 생수보다 10배 풍부한 천연 미네랄 3) 미국 FDA와 국제생수협회 적합 판정 4) 두산베어스 야구단 음용수 등 스포츠팀 후원 5) 취수에서 생산까지 2중 안전장치로 깨끗함 유지
독특하고 자극적인 것	1) 일반 생수보다 10배 풍부한 미네랄 2) 해양심층수
한마디	미네랄이 10배 풍부한 해양심층수

먼저 생수의 장점을 적어보고 그중 독특하고 감성을 자극할 특징을 잡아냈다. 이 생수의 5가지 장점을 정리할 수 있었다. 그중 한마디를 구성하는 데 1번과 2번이 적합하다는 생각이 들었다. 그 결과, 고객을 만날 때 다른 말보다 '미네랄이 10배 풍부한 해양심층수'를 먼저 강조해 세일즈 성공 확률을 높일 수 있었다.

이런 한마디는 길거리 판촉에서도 써먹을 수 있다. 오정환의《한 번 더 세일즈》에 나오는 사례다.

지나가는 사람들에게 "안녕하세요? ○○알로에의 □□□(화장품 이름) 견본입니다. 하나씩 받아가세요."라며 견본품을 나누어주는데 사람들이 전혀 관심이 없더란다. 당연했다. 고객들의 머릿속에 □□□에 대한 이미지가 없었기 때문이다. 이름도 생소하고 뭔지도 모르는데 뜬금없이 "□□□을 받아가세요."라고 해봤자 고객의 관심을 끌 수 있었겠는가? 그러니 누가 바쁜 걸음을 멈추고 견본품을 받아갔겠는가?

그래서 멘트를 바꾸었다고 한다. "여름철 피부에 좋은 알로에 받아가세요."라고 했더니 처음보다는 관심도가 조금 올라가더란다. 그러나 그것으로도 부족했다. 고객의 관심을 확 끌어당길 확실한 '지글지글'이 없었던 것이다. 그래서 "여름철 햇볕에 지친 피부를 촉촉하고 탄력 있게 바꿔주는 알로에 화장품 □□□입니다."로 말을 바꾸었다고 한다. 그 결과, 사람들이 줄을 서서 견본품을 받아갔다고 한다.

여기에서도 고객의 호기심을 불러일으키는 '한마디'가 있다. 바로 '지친 피부를 촉촉하고 탄력 있게 바꿔주는'이 그것이다. 당연히 고객들이 관심을 보이고 질문도 많이 했다고 한다. 그것이 바로 '한마디'의 위력이다.

세일즈맨은 이처럼 자신만의 사고방식에서 벗어나 고객의 머릿속으로 들어가야 한다. 가망고객에게 제품이나 서비스를 설명할 때는 핵심 관심사를 파악해 고객이 얻을 수 있는 가장 크고 직접적인 이익을 한마디로 표현해야 한다. 고객은 이성보다 감성으로 구매한

다. 따라서 고객의 감성을 자극하는 한마디를 반드시 준비해야 한
다. 제품의 장점을 나열하고 그중 독특하고 감성적인 것을 골라 제
품을 표현해보라.

6

머릿속에 그림을 그리게 하라

내가 어릴 때는 TV가 귀해 라디오를 들었다. 간식거리도 귀하던 시절 저녁이 되면 앞마당에 묻어둔 무를 꺼내 깎아먹고 온 가족이 누워 라디오를 들었다. 라디오 드라마를 들을 때면 성우의 대사가 하나하나의 장면처럼 내 머릿속에 그려졌다. 그것들은 오랫동안 뇌리에 남았다. 동화책을 보거나 소설을 읽을 때도 마찬가지였다. 재미있는 장면들은 그대로 머릿속에 그림으로 그려졌다. 그리고 오랫동안 지워지지 않았다.

도모노 노리오의 《행동경제학》에는 다음과 같이 흥미로운 실험에 대한 내용이 나온다.

여대생 120명에게 가상으로 교내에서 어떤 질병이 만연할 조짐이 있으니 그 병의 증상을 적은 종이를 읽고 자신이 그 병에 걸릴 가능성을 판단하도록 했다. 그리고 실험 대상 학생들을 4개 그룹으로 나누었다.

1그룹 학생들에게는 그 병에 걸리면 활력 저하, 근육통, 심한 두통 등의 증상을 구체적이고 이전에 경험했을 만한 내용을 적은 종이를 건넸다. 2그룹 학생들에게는 훨씬 더 추상적인 내용을 적은 종이를 읽도록 했다. 메시지 내용은 약간의 방향 감각 상실, 불완전한 신경 기능, 간장 염증이었다. 그리고 실험 참가자에게는 증상을 읽은 후 자신이 3주 후 그 질병에 걸릴 가능성을 10단계로 평가하도록 했다.

3그룹과 4그룹 학생들에게는 증상은 1, 2그룹과 같지만 그 질병에 걸린다면 3주 후 자신에게 어떤 증상이 나타날지 머릿속에 구체적으로 그린 후, 그 질병에 걸릴 가능성을 판단하도록 했다. 그 결과, 이 질병에 걸릴 확률이 가장 높을 것이라고 판단한 그룹은 3그룹이었다. 그다음은 2그룹, 1그룹 순이었고, 4그룹이 가장 낮게 판단했다. 증상이 구체적일 뿐만 아니라 스스로 질병에 걸릴 수 있다는 이미지를 떠올린 그룹이 가장 질병에 걸리기 쉽다고 생각한 것이다. 반면, 증상이 애매해 자신이 질병에 걸릴 이미지를 떠올리기 어려운 그룹은 가장 질병에 걸리지 않는다고 판단한 것이다.

이 실험은 세일즈맨들에게 매우 좋은 정보를 제공해준다. 고객의 머릿속에 그림을 그리도록 하는 것이 중요하다는 것이다. 다음과 같은 질문을 하면 고객은 머릿속에 그림을 그릴 수밖에 없다.

- "고객님의 증세가 앞으로 더 진행되면 어떻게 될까요?"
- "고객님의 증세가 지금은 별 것 아니지만 방치한다면 앞으로 어떻게 될까요?"

건강기능식품을 취급하는 세일즈맨이라면 위와 같은 질문으로 고객이 머릿속에 그림을 그리도록 만들 수 있다. 보험 영업을 한다면 다음과 같은 질문이 필요하다.

- "노후에 정기적으로 들어오는 수입이 없다고 상상해보셨습니까? 어떤 문제가 있을까요?"
- "젊을 때부터 재테크에 관심이 없다면 나중에 어떤 손해가 날까요?"
- "우리나라 사람들은 대부분 암이나 심혈관계 질환으로 사망합니다. 그에 대한 대비를 안 하시면 가족을 잃은 슬픔과 생활고로 유족의 마음은 어떨까요?"

이런 질문은 모두 고객의 머릿속을 자극하는 질문이다. 앞으로 닥칠 위험을 구체적으로 생각하도록 만들고, 고객의 머릿속에 그림이 그려지기 쉽도록 질문하는 것이 중요하다. 자동차가 낡았지만 새 차 구입을 망설이는 고객이 있다면 다음과 같은 질문으로 낡은 차 때문에 입을 수 있는 피해를 머릿속에 그리도록 만들어야 한다.

- "낡은 차를 타고 거래처를 방문하면 고객님의 지불 능력을 의심하지 않을까요?"
- "약속하러 가는데 갑자기 시동이 꺼진다면 사업에 지장이 있지 않겠습니까?"

• "매달 들어가는 수리비가 많으시죠? 그리고 그것이 얼마나 번거로운 일입니까?"

제품 구매를 미루면 고객에게 어떤 손해가 있을지 분명히 해야
한다. 당신은 설명하는 방법으로도 고객의 구매 욕구를 강화할 수
있지만 질문을 한다면 고객은 자기 입으로 말하며 훨씬 더 선명한
그림을 그리게 된다. 상품을 설명할 때는 구체적이고 생생해야 머
릿속에 그림을 그릴 수 있다.

당신은 TV 홈쇼핑을 본 적이 있을 것이다. 홈쇼핑은 상품을 설명
하는 것이 아니라 상품을 이용하면 어떤 효과가 있는지 모델을 활
용해 직접 보여준다. 옷을 설명하는 것보다 모델들이 멋진 옷을 입
고 단풍이 물든 가로수길을 걷는 모습을 보여주면 고객들은 그 옷
을 입고 걷는 자신을 상상한다. 그럴 때 구매가 늘어난다. 주방기구
를 이용해 요리하는 장면, 운동기구로 운동하는 장면, 온 가족이 모
여 맛있게 갈비를 구워먹는 장면 등은 모두 고객의 뇌를 자극하기
위해 보여주는 것이다. 홈쇼핑 종사자들에 따르면, 실제로 제품을
설명하는 순간보다 모델들이 시연하는 동안에 주문량이 크게 늘어
난다고 한다.

하지만 세일즈맨이 고객을 만나 홈쇼핑처럼 시연할 수는 없지 않
은가. 그래서 고객이 머릿속으로 그림을 그릴 수 있도록 생생히 말
해야 하는 것이다. 고객을 설득할 때는 설명하지 말고 보여주어라.
설명하기와 보여주기는 고객이 머릿속에 그림을 그리느냐 못 그리

느냐의 차이이다. 고객이 머릿속에 그림을 생생히 그리도록 설명한다면 그만큼 구매 확률은 올라갈 것이다. 다음의 예를 보자.

- 설명하기: 고객님께서 이 제품을 복용하시면 관절 통증이 싹 낫습니다.
- 보여주기: 이 제품을 복용하시면 고객님께서 가고 싶은 곳 어디든지 가실 수 있습니다. 아들집에 가 손자들 재롱을 보실 수도 있고, 청계산의 아름다운 단풍도 보실 수 있습니다.

'보여주기'에서는 고객의 관절 통증이 사라진다는 말은 없다. 하지만 고객은 설명을 들으며 손자 재롱을 보고 산에 올라 단풍 구경하는 모습을 상상할 것이다. 이렇게 구체적이고 생생하게 설명해주어야 고객이 머릿속에 그림을 그릴 수 있고 구매효과가 올라갈 수 있다.

- 설명하기: 이 차가 고객님의 품격을 높여줄 것입니다.
- 보여주기: 이 차를 타시면 주차장에서 차를 세우고 내릴 때 주변 사람들이 모두 부러운 눈으로 바라보고 주차관리인이 고객님께 90°로 인사할 것입니다.

'보여주기'에는 고객의 품격을 높여준다는 설명은 없지만 고객은 차를 타고 내리는 장면을 머릿속에 그릴 수 있다. 자신의 어깨가 으쓱해지는 순간을 머릿속에 그린다면 구매 욕구가 상승할 것이다.

또한 적절한 사례를 들어 설명하는 것도 고객의 뇌를 자극하는 생생한 설명법이다. 사례는 생생하고 친근하고 '나도 그렇게 할 수 있다!'라는 마음이 생기게 한다. 고객은 머릿속에 구체적으로 상상할 때 구매 욕구가 늘어난다. 그러니 설명하지 말고 보여주어라. 고객의 머릿속에 구체적인 그림이 떠오르게 하라.

7

고객 자신도 모르게 하는
넛지 설득

　사람들은 '무엇을 하겠다!'라고 결심을 많이 한다. 하지만 행동으로 옮기는 사람은 그리 많지 않다. '저축을 늘리겠다!'라고 결심했더라도 실제로 은행에 가 적금통장을 만드는 사람은 적다는 말이다. '체지방을 줄이기 위해 운동하겠다!'라고 결심하는 사람이 얼마나 많은가. 그런데도 과체중 인구는 계속 늘고 있다. 사람들은 결심하고도 그 결심을 행동 변화로 옮기진 못한다.

　이런 예는 우리 주변에서도 얼마든지 찾아볼 수 있다. 작심삼일이라는 말이 괜히 있겠는가. 스스로 어떻게 하겠다고 결심했더라도 행동으로 옮기는 것은 쉽지 않을 뿐만 아니라 때로는 그 선택이나 판단이 잘못된 경우도 있다. 그럴 때 눈치채지 못하게 결정에 슬쩍 개입해 판단을 도와주고 결정을 실행하도록 도와주는 것은 유익한 일이다. 다만 그 과정이 자연스럽게 전개되어 스스로 판단하고 결정했다는 느낌이 들어야 한다.

세일즈도 마찬가지다. 당신의 강요로 제품을 구매하는 것이 아니라 고객 스스로 판단하고 선택하도록 유도해야 고객은 만족한다. 리처드 탈러Richard H. Thaler와 캐스 선스타인Cass R. Sunstein은 《넛지 Nudge》라는 책에서 이에 대한 방법론을 소개하고 있다. 사전에 나와 있는 넛지Nudge는 '주의를 환기시키기 위해 팔꿈치로 쿡쿡 찌르다, 가볍게 자극하다, 설득하다'라는 뜻이다.

사람들은 종종 상당히 형편없거나 잘못된 결정을 내릴 때가 있다. 충분히 주의를 기울였거나 완벽한 정보를 가졌거나 엄청난 인식능력과 완벽한 자기통제력을 지녔다면 내리지 않았을 결정들 말이다. 넛지는 사람들에게 특정 선택을 금지하거나 그들의 경제적 이익을 크게 바꾸지 않고 예상가능한 방향으로 행동 변화를 유도하는 것, 즉 명령이나 지시가 아니라 눈치채지 못하도록 자연스럽게 통제하는 방식이라고 할 수 있다. 저자들이 소개하는 넛지의 사례를 살펴보자. 넛지를 이해하는 데 도움이 될 것이다.

이 이 검사를 통과하면 돈을 돌려받지만 검사를 통과하지 못하면 계좌가 폐쇄되고 잔고를 자선단체에 기부하도록 했다.

MIT 빈곤퇴치 실험연구소가 수행한 이 프로그램의 초기 성과는 매우 낙관적이었다. 계좌를 개설함으로써 금연 희망자의 목표 달성 가능성이 53% 올라간 것이다. 다른 금연 방법. 심지어 니코틴 패치도 이 정도의 성공을 거두지 못한 것으로 나타났다. 금연을 결심하고 통장을 개설하는 것까지는 자기결정 법칙이다. 그러나 6개월 후 검사에서 흡연 사실이 들통나면 잔고를 자선단체에 기부하는 것은 넛지 방법이다. 금연 결심과 통장 개설을 강제하지 않으면서 자연스럽게 금연을 유도한 것이다.

미국 스탠포드대 경영대학원에서 '조직행동론'을 강의하는 칩 히스Chip Heath와 그의 동생 댄 히스Dan Heath는《스위치》에서 넛지를 이용해 암에 걸린 청소년들에게 효과적으로 항암제를 복용시킨 사례를 자세히 소개하고 있다.

암에 걸린 청소년들은 병원 치료를 받고 퇴원하면 순조로운 회복과 재발 방지를 위해 꼬박꼬박 약을 챙겨먹어야 한다. 때로는 항생제와 소량의 화학 약물을 2년 동안 복용해야 할 때도 있다. 하지만 많은 청소년들이 그것을 제대로 지키지 않는다. 약물을 복용하는 것이 쉽지도 않고 화학 약물의 부작용에 대한 두려움 때문이었다.

소량이더라도 항암제는 메스꺼움, 피부 발진, 무력감. 과민반응 등의 부작용을 일으킬 수 있었다. 하지만 이런 부작용은 병원에서 받는 끔찍한 화학 치료에 비하면 아무것도 아니었다. 그리고 항암제 복용을 게을리하면 암 재발 위험이 있었다. 전문가들은 약물 복용을 20% 거르면 암 재발 확률이 20%가 아니라 200% 높아진다고 말했다. 그러므로 청소년들에게 약물 복용을 거르지 않게 하는 것은 매우 중요했다.

그래서 만든 것이 비디오 게임이다. 전문가들은 몇 개월의 노력 끝에 리미션(Remission)이라는 게임을 개발했다. 게임 속에서 아이들은 은색 옷을 입은 작은 로봇 주인공 록시가 되어 혈관을 타고 돌아다니며 광선총으로 암세포를 쏘아 해치운다. 리미션 게임은 20개 레벨로 되어 있고 각 레벨마다 정보 제공 부분을 포함해 1시간씩 진행된다. 리미션 게임은 청소년들의 항암제 복용 준수율을 높였다. 게임을 한 아이들은 혈류 내에 존재하는 항암제 성분량이 20% 증가했다.

그리 대단한 수치가 아닌 것 같지만 복용 준수율의 작은 변화는 아이들의 건강 면에서 큰 차이를 낳는다. 만약 복용 준수율이 20% 올라가면 암 완치 확률은 2배 증가한다. 그럼 어떻게 이런 결과가 나왔을까? 아이들은 게임을 하면서 암세포와 용감하게 맞서 싸우는 로봇 록시가 된다. 항생제와 약물을 복용함으로써 광선총에 연료를 주입한다. 약이 파워 역할을 한다. 리미션은 청소년에게 항암제 복용을 강요하지 않으면서 자연스럽게 약물을 복용하도록 동기부여를 한 것이다.

이 정도면 당신도 넛지가 무엇인지 충분히 이해했을 것이다. '고객이 제품을 사도록 자연스럽게 유도하는 것' 정도로 넛지 설득을 이해하면 될 것이다. 넛지 설득은 당신의 제품이나 서비스를 고객이 사고 싶도록 만드는 데 초점을 맞추어야 한다. 물론 설득만으로 되는 것은 아니다. 영업의 전 과정, 즉 좋은 첫인상으로 고객의 마음을 열고 고객의 신뢰를 얻고 꾸준한 고객 관리 등 모든 것이 복합적으로 작용해야 고객은 구매 욕구가 생긴다. 평소 신뢰를 얻지 못했는데 넛지 설득을 멋있게 한다고 해서 고객의 마음이 움직이진 않는다. 설득하기 전 고객의 신뢰를 얻는 것이 우선이다. 그 후 멋지게 설득한다면 고객은 사고 싶어 할 것이다. 고객이 사고 싶도록 만드는 넛지 설득에는 다음과 같은 3가지가 필요하다.

1. 고객에 맞는 장점과 특징을 말하라

제품마다 특징이 있다. 당신이 취급하는 제품의 가장 큰 특징은 무엇인가? 그 특징이 당신에게는 최고일지 모르지만 고객의 생각은 다를 수 있다. 당신이 파는 제품이 자동차라고 가정하자. 당신은 높은 연비를 가장 큰 특징이라고 생각하지만 고객은 연비에 관심이 없을 수도 있다. 연세 많으신 어르신에게는 기능이 다양한 휴대폰을 아무리 권하고 설명해봤자 아무 소용이 없다. 어르신들은 간단하고 글씨가 큰 것을 원하기 때문이다.

그러므로 당신이 취급하는 제품의 가장 큰 특징은 고객이 가장 필요로 하고 가장 갖고 싶어 하는 이유여야 한다. 고객이 아무런 관심도 없는 것을 설득해봤자 소용없다. 따라서 효과적인 설득을 하려면 먼저 고객이 원하는 것을 알아야 한다. 그다음으로 '고객님이 원하는 제품이 바로 이것입니다!'라고 해야 좋은 설득이다.

건강기능식품 영업에서 고객의 관심사는 당연히 건강 문제다. 따라서 세일즈맨은 제품 설명을 할 때 고객의 건강 문제에 초점을 맞추고, 그것을 해결할 수 있는 건강기능식품의 효능을 부각시켜야 한다. 고객이 구매를 하는 근본적 이유는 제품이나 서비스가 주는 유용성 때문이다. 제품 자체가 좋아서 구매하는 것이 아니다.

고객이 TV를 산다고 가정해보자. TV를 사는 이유로는 여러 가지가 있다. 오락성은 고객이 TV를 구매하는 주된 이유 중 하나다. 오락성에 초점을 맞춘 고객은 TV를 시청하며 여가시간을 보내고 TV 화질에 관심을 가진다. 좋은 화질은 TV를 시청하는 즐거움을 더해주기 때문이다.

TV를 구매하는 주된 이유 중 하나로는 전시성도 있다. 거실에 TV를 놓았을 때 집을 방문한 손님에게 자랑하는 효과가 바로 전시성이다. 그런 경우 브랜드, 화면 크기 등이 주요 관심사가 된다. 따라서 TV 판매자는 고객의 이런 욕구를 제대로 짚어내 설명해야 한다. 전시성을 따지는 고객에게는 TV 성능이 어떻고 전기 절약이 어떻고 식의 설명은 필요 없다.

시계를 살 때도 마찬가지다. 단순히 시간만 보기 위해 사는 사람이 있다. 그런 사람에게는 시간만 잘 맞으면 된다. 디자인이나 소재 따위는 관심이 없다. 가격도 쌀수록 좋다. 그런데 시계를 찰 때 자신의 멋진 모습을 상상하거나 친구들의 부러움을 사고 싶은 사람도 있다. 그런 사람에게는 고급 시계를 권해야 한다. 이처럼 시계를 사는 목적이 다른데 일방적으로 제품을 설명한다면 구매 욕구를 자극할 수 없다.

효과적인 설득을 위해 고객의 구매 욕구를 충족시킬 핵심어를 만들어내는 것은 세일즈맨에게 매우 중요한 능력이다. 길게 주절대는 것은 판매에 도움이 안 된다. "스테이크를 팔지 말고 지글지글을 팔아라."라는 것도 스테이크의 특징을 제대로 말하라는 뜻이다. '지글지글'이라는 단어를 생각하면, 고기가 지글지글 익는 장면이 떠오르고 고기 냄새가 느껴져 입안에 침이 고이기 시작할 것이다. 그러면 고기를 사먹을 수밖에 없다. 따라서 '지글지글'은 고객이 고기를 사먹도록 유도하는 넛지가 된다.

이제 건강기능식품으로 돌아가보자. 고객들이 건강기능식품에 대해 가진 나쁜 이미지 중 하나는 만병통치약이다. 하나의 제품이 고객의 모든 질병을 낫게 해준다는 과장은 건강기능식품 영업 현장에서 흔한 일이다. 여기에는 세일즈맨들의 책임이 크다. 고객의 문제와 필요를 알고 고객의 구매 욕구를 적절히 자극해 제품을 사도록 유도하는 넛지 설득을 했더라면 이런 부정적 이미지는 심어주지 않았을 것이다. 다음의 〈사례1〉과 〈사례2〉를 비교해보자.

- 세일즈맨: "○○회사에서 왔습니다. 고객님의 건강 문제를 상담해드리려고요. 고객님, 변비 있으시죠?"

- 고객: "어머, 어떻게 아셨어요? 요즘 변을 보지 못해 고생이 심해요.

- 세일즈맨: "알로에 드세요. 일주일만 드시면 해결돼요."

- 고객: "그래요? 소화도 안 되는데⋯."

- 세일즈맨: "우리 알로에 드셔보세요. 알로에는 변비에도 좋고 소화도 잘 되게 하고 면역력도 키워주고 혈액순환에도 좋고 심장도 튼튼하게 해줘요⋯."

- 고객: "그런 약이 어디 있어요? 알로에가 만병통치약인가?"

- 세일즈맨: "○○회사에서 왔습니다. 고객님의 건강 문제를 상담해드리려고요. 고객님, 변비 있으시죠?"

- 고객: "어머, 어떻게 아셨어요? 요즘 변을 보지 못해 고생이 심해요."

- 세일즈맨: "변비로 고생하신 지 얼마나 되셨어요? 다른 약은 드셔보셨나요?"

- 고객: "한참 되었어요. 병원에서 주는 약을 이것저것 먹어봤지만 그때뿐이고⋯."

- 세일즈맨: "혹시 알로에 드셔보셨어요? 알로에가 변비에 좋다는 말 들어보셨죠?"

- 고객: "좋다곤 하지만 효과없다는 사람들도 있고⋯. 그런데 사실 변비도 변비지만 뭘 먹어도 소화가 안 돼 걱정이에요. 위내시경도 찍어봤지만 아무 이상도

없고. 이것만 고치면 참 좋겠는데….”

-
-

위의 두 가지 상담 사례에서 차이점을 발견했는가?

〈사례1〉은 고객이 자신의 문제를 말하자마자 곧바로 해결책을 제시하고 있다. 그리고 고객의 변비 문제를 해결하는 것 외에 부가적인 효능까지 열거하면서 만병통치약이라는 부정적 이미지를 심어주고 있다. 이미 상담은 실패의 길로 들어선 것이나 다름없다.

〈사례2〉는 고객이 문제를 말해도 곧바로 해결책을 제시하지 않고 추가 질문을 하며 고객의 문제를 확대하고 있다. 또한 현재의 문제가 앞으로 어떤 결과로 이어질지 위기감을 조성하고 있다. 그 결과, 고객은 현재 문제에 집중하고 세일즈맨의 질문과 설명을 들으며 호기심을 키워가고 있다. 상담에서 성공할 확률이 높다.

고객은 성격에 따라 소비습관도 다르다. 성격을 알면 세일즈에 유리한 이유다. 예를 들어 조심스럽고 보수적인 고객들은 구매를 결정할 때도 절대 충동구매를 하지 않고 심사숙고하며, 품질을 따진다. 어지간해선 소비나 구매습관도 바꾸지 않는다. 이런 고객은 생각을 많이 하지만 한 번 신뢰하면 단골 고객, 충성고객이 된다.

2. 구체적인 사례를 말하라

적절한 사례는 좋은 넛지 설득이 된다. 당신이 취급하는 제품이나 서비스로 효과나 이익을 얻은 사례를 구체적으로 말하면 그만큼 구매할 확률이 높아진다. 적절한 예화도 좋다. TV에서 방영하는 〈생로병사의 비밀〉이라는 프로그램은 건강기능식품 영업인들이라면 반드시 시청해야 할 프로그램이다.

그 프로그램에서 한국인의 칼슘 섭취 관련 내용을 시청한 적이 있다. 그것을 본 사람이라면 누구나 칼슘제를 복용해야겠다고 생각했을 것이다. 칼슘제를 안 먹었을 때의 위험성을 여러 가지 사례로 보여주며 설명했기 때문이다. 더욱이 평소 식사만으로는 칼슘을 충분히 섭취할 수 없으므로 칼슘 보조제가 필요하다는 데 모두 수긍했을 것이다. 만약 이 프로그램이 사례 없이 이론만으로 칼슘의 중요성, 체내 작용, 칼슘 부족의 위험성을 설명했다면 어땠을까? 시청자의 공감을 얻기 힘들었을 것이다. 이처럼 문제 제기와 적절한 사례는 고객의 구매 욕구를 일으키는 데 효과적이다.

우리가 흔히 보는 이용 전과 이용 후의 사진도 사례를 말하는 것이나 다름없다. 성형외과나 비만 클리닉 등에서는 항상 전후 사진을 비교해 고객에게 효과를 설명한다. 다음의 〈사례1〉과 〈사례2〉를 비교해보자.

- 세일즈맨: "고객님은 칼슘이 필요해요."

- 고객: "아직 뼈는 튼튼한데…. 부러진 적이 한 번도 없어요. 칼슘은 안 먹어도 돼요."

- 세일즈맨: "젊을 때는 그렇고요. 이제 고객님도 50세가 넘으셔서 여성호르몬이 많이 줄었잖아요. 우리나라 사람들은 필요한 칼슘량의 70~80%밖에 안 먹는대요. 여성호르몬이 부족하면 뼈는 점점 약해져요. 고객님은 뼈 건강을 위해 무엇을 하시나요?"

- 고객: "…."

- 세일즈맨: "고객님의 뼈 건강을 위해서는 저희 회사에서 나온 칼슘제를 꼭 드셔야 해요. 칼슘이 흡수가 잘 되고…."

- 고객: "…."

- 세일즈맨: "고객님은 칼슘이 필요해요."

- 고객: "아직 뼈는 튼튼한데… 부러진 적이 한 번도 없어요. 칼슘은 안 먹어도 돼요."

- 세일즈맨: "고객님도 아시죠? 207호에 사시는 ○○엄마. 자전거 타고 가시다가 다른 자전거와 부딪쳐 넘어졌는데 다리가 부려졌대요. 별로 큰 충격도 아니었는데…. 병원에서 치료받으며 골밀도검사를 했더니 뼈 나이가 60대 후반이었대요. 자기 뼈가 그 정도인 줄 몰랐대요. 그런데 우리나라 중년 여성들의 칼

숍섭취량은 기준치의 70~80%밖에 안 된대요. 평소에는 모르는데 넘어지거나 사고가 나면 큰일이죠. 그래서 예방이 필요한 거죠. 고객님 주변에도 뼈가 부러져 고생하시는 분이 계실 겁니다. 젊을 때 뼈 관리에 소홀하면 그렇게 돼요."

- 고객: "그래요? 나도 검사받아야겠네."
- 세일즈맨: "모든 것이 그렇지만 예방이 중요하잖아요."
- 고객: "무슨 좋은 방법 있나요?"

〈사례1〉은 칼슘이 필요한 이유만 설명하고 있다. 이런 방법은 듣는 사람에게는 지루하고 재미없다. 반면에 〈사례2〉는 구체적인 사례를 들어 설명하기 때문에 가망고객의 구매 욕구를 자극할 수 있다. 이처럼 사례를 제시하려면 신문과 잡지를 눈여겨보며 고객과 나눌 애기거리를 많이 만들어야 한다. 써먹을 만한 사례는 미리 연습하는 것도 도움이 된다.

고객에게 애기할 사례를 종이 위에 적어보고 자신의 언어로 연습해보라. 애기를 재밌게 잘하는 사람을 관찰해보라. 표정, 손짓, 말투를 흉내내보라. 고객을 만났을 때 분명히 도움이 될 것이다.

3. 체험하게 하라

BMS 법칙이란 것이 있다. 보게 하고(B), 만져보게 하고(M), 사용해

보게 하라(S)는 것을 영문 이니셜화해 만든 신조어다. 온라인 제품 정보가 아무리 충분해도 고객이 그 자료만 믿는 것은 아니다. 유형의 제품이라면 고객은 오프라인 매장을 찾아가 직접 보고 만지고 눌러보고 앉아본다. 그래야만 직성이 풀리고 구매 욕구가 상승한다.

최근 유통시장의 트렌드 중 하나는 '크로스오버 쇼핑'이다. 온라인에만 국한하지 않고 오프라인에서 실제 제품을 경험한 후 지갑을 연다. 건설업체가 거액의 예산을 들여 모델하우스를 짓는 것도 이 때문이다. 사실 보여주고 설명하는 방법에는 한계가 있다. 고객이 직접 체험하며 특징이나 효능을 체험하도록 할 때 구매 확률은 올라간다. 자동차를 직접 시승하거나 화장품 견본을 사용하는 것 모두 여기에 해당한다. 정수기나 비데 대여업체들이 1개월 간 무료 사용을 유도하는 것도 같은 맥락이다.

그러나 때로는 빈손으로 영업을 해보는 것도 중요하다. 전단지나 샘플 없이 오직 맨손으로 고객을 만나 고객에게 집중하고, 그냥 고객의 말만 들어주는 것이다. 그러다 보면 제품이 아니라 고객의 문제에만 초점을 맞출 수 있다. 가망고객을 보자마자 전단지나 상품 설명서를 건네고 제품을 설명하려고 하지 마라. 먼저 고객을 이해하라. 고객에게 말을 시키고 경청하라. 그러면 고객은 존중받고 있다고 느낄 것이다. 그런 다음 제품 이야기를 해도 늦지 않다.

다시 한 번 강조한다. 고객에게 구매를 강요하는 영업 방법은 더 이상 통하지 않는다. 그런 판매 방식은 1회성이다. 절대로 재구매가 일어나지 않는다. 그러므로 고객이 스스로 선택하도록 유도해야 한다. 영업은 제품을 파는 것이 아니라 고객이 사도록 만드는 것임을 명심하라. 그것에 가장 잘 들어맞는 것이 넛지 설득이다.

6장
세일즈의 꽃,
클로징

1

클로징이란 무엇인가

골프 속담 중에 "드라이버는 멋있어 보이지만 정작 돈을 버는 것은 퍼트."라는 말이 있다. 아무리 드라이버로 폼 나게 쳐도 퍼트를 잘 못하면 아무 의미가 없다. 멀리 날려보내는 드라이버도 1타고, 짧은 거리의 퍼트도 1타이기 때문이다. 결국 골프 경기는 홀에 공을 넣어야 끝이 난다.

세일즈도 마찬가지다. 제품 설명을 아무리 멋있게 해도 클로징을 잘 못해 고객이 구매하지 않는다면 아무 의미가 없다. 따라서 세일즈에서 클로징은 매주 중요한 과정이다. 클로징이란 세일즈의 마무리로, 제품 내용이나 세일즈 분야에 따라 조금씩 다르다. 대개 저가 제품의 경우, 물건을 주고 대금을 받음으로써 세일즈가 끝난다. 그런 세일즈는 마무리와 동시에 제품을 고객에게 인도한다. 그러나 마무리와 제품 인도 사이에 일정 기간이 소요된다면 계약서를 작성한다. 계약서의 내용대로 제품 인도를 약속하고, 고객은 해당 내용을 확인하는 즉시 계약에 따라 대금 지불을 약속한다.

클로징은 제품이나 세일즈맨에 대한 고객 신뢰의 결과물이다. 세일즈맨이 제품을 아무리 훌륭하게 설명해도 고객이 신뢰하지 않으면 구매를 거부하거나 미루게 된다. 이런 경우, 세일즈맨은 아무리 팔고 싶어도 마무리를 할 수 없다. 이렇듯 클로징은 전적으로 고객의 의지와 태도에 따라 결정된다. 고객이 제품을 구매하겠다는 의사가 분명하고 대가를 지불하겠다는 의지가 있어야 가능하기 때문이다.

하지만 세일즈에서 고객이 구매의 모든 것을 결정한다면 세일즈맨과 세일즈 기술이 무슨 필요가 있겠는가. 세일즈 현장에서 고객의 구매 결정만큼이나 세일즈맨과 세일즈 기술도 중요하다. 그렇다면 세일즈에서 클로징이 중요한 이유는 무엇일까? 다음의 이유 때문이다.

첫째, 세일즈에서 가장 중요한 목적인 계약을 마무리해 대금을 받는 과정이기 때문이다. 클로징은 축구 경기에서 골을 넣는 것과 같다. 축구 경기에서는 아무리 작전이 훌륭하고 개인기가 좋아도 골을 넣지 못하면 이길 수 없다. 세일즈도 마찬가지다. 아무리 세일즈 기술이 좋아도 클로징 기술이 부족하다면 성과를 얻을 수 없다.

둘째, 자신이 취급하는 제품을 고객이 신뢰하는지 여부를 확인할 수 있기 때문이다. 고객이 제품을 신뢰한다면 클로징 과정에서 크게 애를 먹지 않는다. 세일즈맨이 신뢰할 만하고 제품이 믿을 만하면 고객은 구매하기 마련이다. 클로징 이전 단계까지 완벽했는데 구매를 망설인다면 아직 고객은 제품을 신뢰하지 않는 것이다.

셋째, 제품으로 고객의 욕구를 충족시키기 때문이다. 고객은 문제를 해결하기 위해 제품을 구매한다. 문제가 있어야만 해결 욕구가 생기고 구매 욕구로 연결된다. 클로징은 바로 이러한 고객의 문제 해결 욕구와 구매 욕구를 실현하는 마지막 과정이다.

넷째, 세일즈맨은 성장할 수 있고 세일즈에 자신감을 얻을 수 있다. 클로징 결과는 시험 성적표나 합격 통지서와 같다. 그동안 세일즈 과정을 제대로 수행했는지 여부를 가늠할 수 있다. 클로징에 성공하는 것은 세일즈 과정을 올바로 수행했음을 증명하는 것이다. 실패했다면 다시 한 번 세일즈 과정을 돌아보면서 성찰하는 기회가 된다. 이런 과정을 통해 세일즈맨은 성장하고, 성공 확률을 높이고 자신감을 얻는다.

2

클로징을 위한
10가지 조건

클로징은 세일즈의 마지막 관문이다. 앞에서 설명했듯이 클로징은 세일즈맨에게는 성적표와 같다. 클로징에 따라 자신감을 얻거나 절망감이 생긴다. 그러므로 다음 조건들을 잘 살펴보며 클로징 순간을 포착해야 한다.

① **고객의 욕구 충족**: 욕구가 있는 곳에 제품이 있고 세일즈와 구매가 존재한다. 자본시장 발전이 인간 욕구에 기초한다는 것은 누구나 알고 있을 것이다. 사람은 더 잘 살고 더 편해지고 싶은 욕구를 충족시키기 위해 구매를 한다.

② **고객과의 신뢰 구축**: 구매는 제품뿐 아니라 세일즈맨과 브랜

드에 대한 신뢰에 기초한다. 특히 건강, 안전, 위생과 직결되는 제품은 신뢰에 대한 의존도가 높다. 사소한 제품이라도 세일즈맨과 고객 사이에는 신뢰 구축이 우선이다.

③ **제품과 서비스의 필요성**: 거래는 필요한 제품이나 서비스의 제공과 그에 따른 가격의 지불이다. 불필요한 제품이나 서비스를 거래하는 경우는 없다.

④ **고객의 제품 사용 능력**: 제품을 구매한다는 것은 고객이 제품을 사용할 능력이 있다는 의미다. 물론 때로는 구매한 제품을 사용할 능력이 없어 해당 제품을 사용하지 못하는 경우도 있다. 특히 IT 관련 제품은 사용 능력이 필요하거나 사용하기 위해 학습이 필요하다.

⑤ **고객의 지불 능력**: 거래는 지불로 마무리된다. 이것은 어떤 형태로든 고객에게 지불 능력이 있어야 한다는 의미다. 여기서 지불 능력이란 금전적 능력만을 의미하는 것이 아니다. 현대사회는 신용 거래도 많으므로 신용 능력까지 포함한다.

⑥ **고객의 제품 파악 능력**: 제품을 구매하는 것은 사용하기 위해서다. 따라서 고객에게는 제품 지식이나 기능을 파악할 수 있는 기본 능력이 필요하다. 이것은 사용 능력보다 우선한다.

⑦ **세일즈 열정**: 클로징에는 세일즈맨의 열정도 중요하다. 독점적 제품이고 필요성이 커 누구나 구매를 원한다면 상황이 다르지만, 그렇지 않다면 반드시 경쟁이 있고 경쟁에서 이겨야만 판매가

가능하다.

⑧ 클로징 기술: 제품을 소개하고 설명하는 것과 클로징하는 것은 매우 다른 내용과 조건을 지닌다. 고객이 관심 있다고 스스로 구매를 결정하는 경우는 많지 않고, 관심이 크지 않다고 해서 구매 가능성이 없는 것도 아니다. 거래의 핵심은 클로징을 어떻게 하느냐가 결정한다. 고객에게 구매를 결정하도록 요구하는 기술이 핵심이다. 그것은 단순히 구매를 결정한 순간이 아니라 구매 전 과정의 문제다.

⑨ 세일즈맨의 끈기: 세일즈는 많은 인내를 요구한다. 세일즈 품목은 사소한 생활용품부터 거대한 플랜트까지 매우 다양하다. 고객은 한 번에 구매를 결정하는 경우가 많지 않다. 따라서 끝까지 끈질기게 거래를 성사시키기 위해 노력한 세일즈맨이 클로징을 하게 된다.

⑩ 세일즈맨의 적절한 침묵: 거래 과정을 객관적으로 지켜보면 세일즈맨이 불필요한 말을 많이 하는 경향이 있다. 특히 미숙한 세일즈맨은 자신의 말로 상대방을 설득하려고 한다. 그러나 세일즈 과정이나 클로징은 그리 간단하지가 않다. 당신은 고객 스스로 결정하도록 단계적으로 도와주어야 한다. 그 과정에서 제품이나 서비스에 대한 설명이 필요한 경우도 있고, 적절한 침묵이 큰 도움이 되는 경우도 있다. 확신을 갖고 침묵으로 이끌어가려면 클로징에 대한 확신과 자신감이 필요하다. 자신감이 부족하면 불필요한 말을

많이 하고, 불필요한 말이 많을수록 클로징은 실패 확률이 높다.

단지 지금 제품을 팔려는 클로징은 좋은 클로징이라고 할 수 없다. 그렇다면 좋은 클로징이란 어떤 것일까? 정리하면 다음과 같다.

첫째, 고객과 신뢰 관계를 형성할 수 있어야 한다. 클로징은 세일즈맨과 고객 사이에 신뢰의 끈을 형성하는 순간이다. 고객 입장에서 보았을 때 자신이 구입하는 제품의 가치나 성능에 대한 신뢰를 확인하고 세일즈맨에게 개인적 신뢰를 느끼는 순간인 것이다. 고객 니즈와 상관없이 어떻게든 하나 팔겠다는 욕심으로 무리하게 클로징한다면 고객과 절대로 신뢰 관계를 형성할 수 없다.

둘째, 구매의 지속성을 보장한다. 세일즈맨은 클로징으로 세일즈와 구매관계를 마무리하는 것은 물론 향후에도 지속적인 관계를 가지고 싶어 한다. 따라서 클로징 단계에서도 신뢰를 쌓아 지속적인 거래를 만들어야 한다.

셋째, 좋은 협력자를 만드는 과정이다. 클로징에서 최상의 시나리오는 고객이 협력자가 되어주는 것이다. 이것은 곧 세일즈맨과 고객 사이의 클로징이 만족 이상이라는 의미다.

■ 클로징할 때 주의사항

① 고객의 반응을 자신의 생각으로 넘겨짚어서는 안 된다.

② 어떤 경우든 고객과 논쟁하면 안 된다. 논쟁 결과는 항상 시시비비와 승패를 낳는다. 이런 결론에는 항상 감정이 개입된다. 감정적인 문제가 개입되면 올바른 거래 상황을 만들 수 없다.

③ 개인적인 정치, 경제, 지역 관련 견해를 표명하지 마라.

④ 고객을 유형화하면 편견이 생겨 좋은 클로징을 할 수 없다.

⑤ 세일즈를 마무리하고 고객이 시야에서 사라질 때까지 조금이라도 불신을 가질 만한 언행은 조심한다.

⑥ 경쟁 업체를 험담하거나 경쟁 제품을 불필요하게 언급하지 마라.

⑦ 고객이 구매하려는 제품을 절대로 과대평가하지 마라. 구매 결정을 내린 고객은 세일즈맨의 제품 설명이나 평가를 매우 긍정적으로 받아들이는 경향이 있다. 혹시 고객이 알고 있는 것과 정보가 다를 경우, 불필요한 논쟁이나 확인 과정을 거치면 서로 불필요한 상황이 발생할 수 있다.

⑧ 불확실한 약속을 하면 안 된다.

⑨ 세일즈를 마무리했다고 생각하고 다른 고객에게 관심을 돌리면 다음에는 세일즈를 기대할 수 없다.

⑩ 최선의 구매를 했다는 사실을 반드시 고객에게 강조하라.

3

가격 문제 다루기

가격을 깎아주면 제품을 좀 더 쉽게 팔 수 있는 것은 분명하다. 비록 판매에 따른 이익이야 조금 줄어들겠지만 손해를 보는 것도 아니다. 그러나 길게 보면 가격을 깎아 판매하는 것이야말로 손해다. 단지 고객과 협상하는 것이 어렵다는 이유로 가격을 쉽게 깎아주면 절대 유능한 세일즈맨이 될 수 없다. 가능하면 정가를 받는 것이 가장 좋고 혹시 가격을 깎아주어야 할 때에는 기술이 필요하다. 영업은 모든 과정이 협상의 과정이다. 협상 기술만 알고 있다면 고객과의 협상에서 일방적으로 손해보는 경우는 없을 것이다. 각각의 유형별로 협상 방법에 대해 알아보자.

1. 깎아달라는 고객 다루기

상담 초반에 고객이 가격 할인을 요구한다고 해서 곧바로 깎아주는 것만큼 싱거운 것은 없다. 가망고객의 요구에 바로 무너지면 안 된다. 가격을 쉽게 깎아주면 고객은 고마워하는 대신 가격을 부풀렸다고 생각하거나 얼마나 많이 남길래 이렇게 쉽게 깎아주나 하고 의심할 것이다. 따라서 유능한 세일즈맨이 되려면 고객과의 협상을 즐겨야 한다. 고객 중에는 밑져야 본전이라는 생각으로 할인을 요구하는 사람도 있다. 그런 경우에는 다음과 같이 말하면 된다.

- "죄송합니다만, 고객님. 저희 회사는 할인 판매를 하지 않는 게 원칙입니다."
- "고객님께서 깎아달라는 금액은 제가 일해 받는 월급입니다. 제가 받을 월급을 달라고 하면 곤란하고요, 다른 혜택을 드리겠습니다."

이런 간단한 말로 많은 고객의 요구를 물리칠 수 있다. 가격을 깎아주면 안 되는 이유 중 하나는 물건값을 많이 지불할수록 고객의 만족감이 커지기 때문이다. 같은 옷이라도 백화점에서 비싸게 주고 산 옷을 입었을 때 더 큰 만족감을 느끼는 것과 같다. 고객은 비싼 물건이 더 가치 있다고 느끼기 때문이다. 화장품이나 건강기능식품도 마찬가지다. 비싸게 산 것이 더 효능이 있다고 생각하는 '플라시보 효과'라는 덤을 얻을 수 있다.

1) 총액이 아닌 가격 차이만 말하라

경쟁 업체보다 비싸다면 분명히 그런 이유가 있을 것이다. 경쟁 업체와 당신이 취급하는 상품의 가격 차이에 초점을 맞추어 "고객님, 우리 것이 10% 비싸지만 드리는 혜택은 20% 많습니다."라는 식으로 말하라. "고객님께서 20만 원만 추가로 투자하시면 이런 혜택을 드립니다."와 같이 말해 가격 차이를 극복하라.

가격 차이가 9만 원이라면 "하루 3천 원 차이네요. 하루 3천 원을 추가로 투자하셔서 이 정도 혜택을 받으시면 괜찮지 않습니까?"라거나 "고객님이 월 9만 원을 더 투자하시면 얼마나 많은 혜택을 받으시는지 한 번 볼까요?"라고 하면 된다. 이미 눈치챘겠지만 '투자'라는 단어가 중요하다. 돈을 그냥 써버리는 지출이나 지불보다 '투자'라는 말을 써야 고객이 가치를 느낀다.

2) 가격보다 고객이 얻는 가치를 강조하라

상담하다 보면 고객이 특별한 관심을 보이는 부분이 있다. 그 부분을 강조하면 가격 저항을 줄일 수 있다. 가격이 낮은 제품을 구매했을 때의 단점을 말하며 투자하는 만큼 얻는 점을 강조해야 한다. '싼 게 비지떡'이라는 속담을 상기시켜라.

최고의 세일즈맨은 마무리 단계에서 가격 저항에 별로 부딪치지 않는다. 이미 가망고객이 누릴 제품의 가치를 충분히 설명했기 때문이다. 그러니 가격을 깎아주며 쉽게 팔려고 하지 말고 당신이 취급하는 제품의 가치, 이점, 특징, 장점, 차별성들을 충분히 숙지해 고객에게 강조하라.

3) 다른 혜택을 제시하라

이런저런 전략으로 가격 할인 불가라고 말해도 막무가내로 할인을 요구하는 가망고객도 있을 것이다. 싸게 사고 싶은 것은 고객의 본능이다. 당신도 물건을 살 때 할인을 요구한 적이 있지 않은가. 만만찮은 가망고객이라면 가격 할인 대신 다른 혜택을 제시하라. 다른 혜택은 미리 생각해두는 것이 좋다. 피부 관리 쿠폰, 견본품, 선물 등을 제시할 수 있을 것이다.

2. 브라이언 트레이시의 방법

브라이언 트레이시는 가격이 구매의 결정요인이 아니라고 강조했다. 하버드대의 연구 결과에 따르면, 미국 내에서 이루어지는 세일즈의 94%는 구매 이유가 가격과 아무 상관이 없었다고 한다. 고객은 가격보다 제품의 적합성, 편리성, 평판, 서비스, 디자인을 고려해 구매한다. 이런 사실을 안다면 당신은 고객과의 가격 협상에서 자신감을 가져야 한다. 브라이언 트레이시는 가격 문제를 다루는 4가지 방법을《세일즈 슈퍼스타》에서 자세히 설명했다.

먼저 잠재고객이 "가격이 너무 비싸요!"라고 말하면 "왜 그렇게 말씀하십니까?"라고 공손히 묻는 것으로 대답을 대신한다. 그리고 고객의 대답을 기다린다. 이때는 뜸을 들이며 침묵해야 한다. 이 방법이 제품의 특징, 장점, 효과를 설명하느라 쉴 새 없이 떠드는 것보다 효과적이다. 다음으로 잠재고객이 "그걸 살 형편이 안 됩니다."라고 말하면 "왜 그렇게 생각하십니까?"라고 부드럽게 물어보라. 그리고 몸을 앞으로 기울이고 침묵을 지키며 대답을 경청하라. 이런 질문을 하면 대답을 못할 때가 많다. 이 질문을 던지면 상담 흐름을 주도할 수 있을 뿐만 아니라 이렇게 말한 잠재고객의 진짜 이유를 알 수 있다.

가격 협상을 망치는 이유 중 하나는 너무 빨리 가격을 말해버리는 데 있다. 상담하기 전 가격부터 물어오는 성질 급한 가망고객을 만나면 곧바로 가격을 알려주지 말고 이렇게 말하라.

"고객님께 가격이 중요한 문제라는 것을 잘 압니다만 제가 고객님의 현재 상황을 좀 더 이해한 후 다시 가격 애기를 하면 안 될까요?"

이렇게 말해도 가격부터 밝히라고 끈질기게 고집을 부리는 고객이 있다면 "모릅니다."라고 응수하라. 그러면 고객은 흥미를 느끼고 "모르다니, 그게 무슨 말입니까?"라고 물을 것이다. 그때는 이렇게 설명하라.

"저희 회사 제품이 고객님께 적합한지 모르겠습니다. 하지만 저에게 몇 가지 질문을 허락하신다면 고객님께 적합한 제품을 설계해드리겠습니다. 고객님의 현재 상황을 좀 더 자세히 알아야 하거든요."

가망고객이 "예상보다 비싸군요."라고 말하면 "예상하신 가격과 차이가 얼마나 되는지요?"라고 질문으로 응수하라. 가망고객은 나름대로 구매 예산이 있을 것이고 그 범위 내에서 구매하려 할 것이다. 일단 고객이 생각하는 금액을 알아내면 그 가격 차이는 상품 구매에서 비롯되는 가치 증가 효과로 충분히 보상받고도 남는다는 사실을 강조하라.

예를 들어 제품 가격이 127만 원인데 고객이 생각하는 가격은 100만 원이라면 차이는 27만 원이다. 그러니 127만 원이 아니라 27만 원만 극복하면 된다. 이제 1백만 원은 무시하고 27만 원에 초점을 맞추어라. 이때 가격 쪼개기 방법을 사용하면 된다. 이때는 반드시 계산기를 고객에게 직접 보여주며 이렇게 말해야 한다.

"고객님, 보세요. 고객님은 27만 원 때문에 망설이시는데 고객님이 이 제품을 3개월 드신다고 가정하면 27만 원을 3개월 그러니까 90일로 나눠보면 하루 3천 원 꼴입니다. 하루 3천 원을 투자해 고객님의 건강 문제를 모두 해결할 수 있다면 더 이익이 아니겠습니까?"

그런 후에는 "고객님의 건강이 악화된 다음에 들어가는 비용에 비하면 정말 비싼 게 아닙니다.", "고객님께서 지불하시는 금액보다 훨씬 많은 효과를 보실 겁니다. 제가 약속드립니다.", "이것은 최고의 제품입니다. 구매하시면 틀림없이 만족하실 겁니다."와 같은 말로 고객을 안심시켜라.

만나자마자 밑도 끝도 없이 "가격이 얼마나 됩니까?"라고 묻는 고객도 있을 수 있다. 그런 고객이 있다면 다음과 같이 대꾸하라.

- 고객: (상담을 들어가기도 전에) "가격이 얼마입니까?"
- 세일즈맨: "공짜입니다."
- 고객: (약간 주춤하며) "그게 무슨 말입니까?"
- 세일즈맨: "무엇이든 제가 파는 상품이 고객님 마음에 들지 않는다면 선택하지 않으실 것 아닙니까, 그렇죠?"
- 고객: "당연하죠."
- 세일즈맨: "선택하지 않으시면 돈 내실 필요도 없겠죠. 그렇지 않습니까?"
- 고객: "그렇군요. 그렇다면 그 상품은 도대체 뭡니까?"

이때부터 적절한 질문으로 고객의 문제와 필요를 파악해 적절한 제품을 권해주면 된다.

3. 지그 지글러의 방법

너무 비싸다는 말에는 이렇게 대답한다.

"저도 그 말에 동의합니다, 고객님. 좋은 것은 싸지 않고 싼 것은 좋은 경우가 없으니까요. 저희 회사는 결정을 내렸습니다. 가능하면 기능을 단순하게 설계해 싸게 팔든지, 최대한 많은 기능을 설계해 장기적으로 고객님의 비용을 대폭 낮추든지 둘 중 하나를 선택해야만 했죠. 고객님, 애당초 최고의 상품에 투자하지 않으면 결국 허술한 상품에 대한 대가를 치른다는 것은 빈말이 아닙니다. 그저 그런 허술한 상품 대신 최고를 선택하시는 게 낫지 않겠습니까? 저희 회사가 최고의 상품을 만들겠다는 결정을 내렸을 때 저희는 정말 고객님의 입장에서 고객님께 무엇이 최선인지 찾아내려고 노력했습니다. 그렇기 때문에 저희는 주저하지 않고 이 상품을 적극 권해드리는 겁니다."

또는 이런 설명도 가능하다.

"네, 비싸죠. 하지만 따져보면 상품이란 고객님이 지불하시는 돈만큼 가치가 있는 게 아니라 그 상품이 고객님을 위해 해드릴 수 있는 만큼 가치 있는 것이죠. 10만 원을 주고 샀는데 100만 원의 효용이 있으면 잘 사신 거죠. 그렇죠?"

가격 문제를 다룰 때는 무엇보다 자신감이 중요하다. 당신이 취급하는 상품이나 회사가 정상적이라면 가격은 여러 상황을 충분히 고려해 책정되었음을 기억하라. 그 가격은 합리적이고 공정하다. 고객이 얻는 이익은 지불 금액보다 훨씬 크다. 가망고객이 그 가격에 제품을 구매하도록 도와준다면 당신은 큰 호의를 베푸는 셈이다. 고객의 삶의 질이나 업무 효과를 개선하는 데 도움을 주었기 때문이다.

4. 가격을 깎아주는 요령

영업 현장에서는 이런저런 방법도 안 먹히고 막무가내로 현금 할인만 요구하는 가망고객도 있다. 세일즈맨은 항상 높은 가격을 원하고, 가망고객은 항상 낮은 가격을 원하게 마련이다. 아무리 정찰가를 강조해도 고객은 더 싼 가격을 원한다. 인지상정이다. 그러므로 가망고객과 가격 협상을 잘하는 것도 중요한 영업 기술 중 하나다. 무조건 양보만 하는 것은 좋은 협상이 아니다. 이미 말했지만 모든 거래는 세일즈맨과 고객 모두가 만족해야 좋은 거래다. 가격을 깎아줄 때에는 다음의 두 가지를 명심해야 한다.

1. 가격을 깎아주는 대신 얻는 것이 있어야 한다.
2. 가격을 깎아주는 것은 고객의 체면을 세워주는 면이 있다.

이미 가격이 정해져 있고 '가격 할인 불가'가 방침인 회사도 있을 것이다. 하지만 그것은 어디까지나 회사 내부의 규칙이지 고객이 지켜야 할 규칙은 아니다. 가망고객 중에는 가격 협상을 게임으로 생각해 조금이라도 깎아야 만족하는 고객도 있다. 그런 고객에게 회사 규정이라고 가격 협상에 응하지 않는다면 '융통성 없고 고집스럽다'는 평가를 받을 수도 있다. 당신이 취급하는 제품을 당신만 판매하는 것은 아니지 않은가? 고객은 가격 협상이 자유로운 회사나 세일즈맨과 거래하려 할 것이다. 가격 협상에서는 '얼마를 깎아줄 것인가'보다 '어떻게 깎아줄 것인가'가 더 중요한다. 자, 그럼 가격 협상을 어떻게 해야 하는지 살펴보자.

먼저 고객이 가격 할인을 요구할 때 '예', '아니오'라고 바로 말하면 안 된다. '만약' 또는 '좋습니다. 만약에'로 시작하는 습관을 들여야 한다. 다음 예문을 보자.

- "사장님, 좋습니다. 만약 요구대로 가격을 할인해드리면 사장님과 비슷한 가망고객 한 분을 소개해 주십시오."
- "좋습니다. 만약 가격을 5% 깎아드리면 현금으로 결제하실 수 있겠습니까?"
- "좋습니다. 만약 고객님의 요구대로 해드리면 추가로 구매하실 수 있겠습니까?"
- "좋습니다. 만약 고객님께서 정해진 가격을 모두 주시면 제가 사은품을 드리겠습니다."

이러한 '좋습니다. 만약에' 화법은 고객의 자존심을 해치지 않는다. 이 화법은 가격 할인을 비롯해 고객이 무엇을 요구하든 사용할 수 있다.

본격적으로 가격 협상을 시작하려면 머릿속에 3가지 가격표를 넣어두어야 한다. 첫째, 회사가 정해놓은 가격(회사 가격), 둘째, 당신이 최소한 받고 싶은 만족스런 가격(만족 가격), 셋째, 그 이하로 절대 깎아줄 수 없는 가격(한계 가격)이 그것이다.

가격 협상에서 회사 가격과 만족 가격 사이에서 가격 협상이 끝난다면 가장 이상적이다. 하지만 고객이 더 많은 할인을 요구할 수도 있다. 한계 가격은 마지노선이다. 그 이하로 깎아주고 거래하면 당신에게 남는 게 별로 없고 당신의 자존심이 상할 수도 있다. 당신은 이 3가지 가격을 항상 머릿속에 넣고 고객을 만나야 가격 협상에서 융통성을 발휘할 수 있다. 이제 좀 더 구체적인 방법으로 들어가 보자.

- 회사 가격: 100
- 만족 가격: 90
- 한계 가격: 80

고객에게 팔려는 제품 가격이 회사에서 100으로 정해졌다. 당신의 판매수수료를 30%로 가정한다면 이 제품을 판매해 당신이 버는 수입은 30이 된다. 가망고객이 끈질기게 가격 할인을 요구하고 그 요구를 어느 정도 들어주지 않으면 거래 성사가 힘들 것 같다면 당신은 10 정도는 깎아줄 수 있다고 가정할 수 있다. 그것이 만족 가격이다.

회사 가격과 만족 가격 사이에서 원만하게 거래가 이루어진다면 다행이지만 고객이 더 많은 가격 할인을 요구할 수도 있다. 가망고객의 끈질긴 요구에 당신은 계속 할인해주더라도 최소 80은 받아야 한다고 가정할 수 있다. 물론 79나 그 이하라도 손해를 보는 것은 아니지만 큰 이익은 없다. 그렇다고 재고를 처리하는 것도 아니고 다음 거래도 생각한다면 한계 가격은 80이 적당하다.

회사 가격을 제외한 만족 가격과 한계 가격을 정하는 것은 물론 당신의 자유다. 그렇더라도 당신은 가격 협상에서 한계 가격까지 밀려서는 안 되고 어떻게 해서든지 만족 가격 이전에 협상을 마무리 짓는 게 중요하다. 당신이라면 어떻게 할 것인가? 끈질기게 가격 할인을 요구하는 고객을 설득해 만족 가격 내에서 멈출 수 있는 좋은 방법은 무엇인가?

세계적 협상 전문가인 짐 토머스Jim Thomas는《협상 기술》에서 가격을 협상할 때 가장 이상적인 방법을 친절하고 자세히 알려주고 있다. 다음 내용은 짐 토머스의 방법을 빌려 재구성한 것이다. 다음의 1~7번 중 당신은 주로 어떤 방법으로 가격 협상을 하고 있는가.

1) 100 - 100 - 100 - 100 - 90

얼마 동안 고집스럽게 100을 주장하다가 갑자기 90으로 줄인다. 여기서 협상이 마무리되면 당신이나 고객 모두 아쉬움이 남는다. 당신은 한 번에 너무 많이 깎아준 것이 후회되고 고객은 좀 더 못 깎은 것을 아쉬워한다. 즉, 비싸게 주고 샀다는 후회는 다음 거래에서 더 많은 할인을 요구할 여지를 남긴다.

2) 100 - 98 - 96 - 94 - 92 - 90

일정한 폭으로 계속 양보한다. 이런 방식은 고객이 계속 요구하

면 더 할인받을 수 있을 것이라는 기대심리를 키운다. 고객은 절대
로 만족 가격에서 멈추지 않을 것이다.

3) 100 − 99 − 97 − 94 − 90

연속되는 할인의 폭이 이전보다 점점 커진다. 이렇게 되면 고객
은 더 많은 기대를 하지 않을 수 없다. 절대로 만족 가격 이전에 협
상을 마무리할 수 없다.

4) 100 − 97 − 96 − 94 − 91 − 90

양보의 폭이 불규칙하다. 닥치는 대로 양보하는 것은 상대방을
혼란에 빠뜨려 협상을 계속 끌고 가도록 부추긴다. 이 방법을 사용
하면 협상이 길어질수록 더 많은 양보를 해야 할 것이다.

5) 100 − 90 − 90 − 90 − 90

처음에 큰 양보를 하고 그다음에는 절대로 융통성을 보이지 않는
다. 처음에 큰 양보를 하면 상대방의 체면을 살려주지만, 고객은 '혹
시'라는 마음으로 가격을 더 깎으려고 한다.

6) 100 − 95 − 93 − 91.5 − 90.5 − 90

처음에 매우 큰 폭으로 할인하고, 그다음부터는 폭을 줄여 조금
씩 양보한다. 가장 좋은 가격 협상법이다. 마지막 할인은 가장 적게

하고 약간 내키지 않는 듯해야 한다.

7) 할인 가능이 100일 때 50 − 25 − 12.5 − 6 − 3 − 1.5 − 0

이 방법을 '반반 법칙'이라고 한다. 즉, 처음 할인가능한 총금액의 50%를 할인하고, 그다음은 첫 번째의 반, 세 번째는 두 번째의 반을 줄여나가는 방식이다. 할인할 총량이 100이라면 처음에 50을 하고, 그다음에는 첫 번째의 반인 25, 그다음에는 또 반인 12.5를 할인하는 것이다. 당신의 만족 범위 내에서 고객도 만족하면 가격 협상은 마무리된다. 그런데 고객이 만족 가격 이하로 할인을 요구할 수도 있다. 물론 당신은 80을 한계 가격으로 정했으므로 81이나 80에 협상이 마무리되어도 최소한 손해는 아니다. 그렇다고 즐거운 것도 아니다. 자존심이 상할 수도 있다. 자꾸 할인을 요구하는 가망고객이 얄미울 것이다.

당신이라면 이때 어떡하겠는가? 그냥 일어설 것인가? 아니면 협상을 계속할 것인가? 그것은 당신 자유다. 때로는 80까지 양보할 수도 있다. 그래도 10이 이익 아닌가? 당신은 양보할 만큼 했는데 고객이 지나치게 추가 할인을 요구하면 계약을 포기하고 싶겠지만, 그런 고객은 흔치 않다. 손해 보는 것이 아니라면 때로는 계약하는 것이 나을 수도 있다. 그것이 영업이다. 다만 너무 일찍 한계선에 도달하는 경우는 없어야 한다.

　고객이 상식에 맞지 않게 과도하게 억지를 부릴 때도 있다. 100이 정해진 가격인데, 50에 흥정하려는 가망고객들이 있다. 그럴 때는 딴청 부리기가 효과적이다. 다음은 효과적인 딴청 부리기 목록이다.

- "예상 밖의 가격입니다."

- "좀 곤란합니다."

- "정말 기대 밖의 가격입니다."

- "그 가격은 무리입니다."

- "그 가격은 정말 실망스런 가격입니다."

- "합리적으로 하시죠. 그건 너무 과합니다."

- "좀 도와주십시오. 그 가격은 너무합니다."

- "농담이시죠?"

- 침묵하기

- 천장 바라보기

- 깜짝 놀라기

　반대로 고객이 딴청을 부릴 때도 있다. 양보할 만큼 했는데도 가타부타 말을 하지 않고 딴청 부리며 애를 태우는 가망고객은 있게 마련이다. 다음은 고객들이 딴청 부릴 때 써먹을 수 있는 방법이다.

- "만족할 만한 가격을 말씀해보십시오."

- "어느 정도면 동의하시겠습니까?"

- "마음속에 정해놓은 가격이 있습니까?"

- "얼마 정도를 생각하십니까?"

- "○○ 이상은 깎아드릴 수가 없습니다. 이게 마지막입니다."

망설이는 고객에게 믿음 주기

현장에서 고객을 만나보면 정말 다양하다는 것을 알 수 있다. 시원시원하게 구매하는 고객이 있는가 하면 힘들게 하는 고객도 있고, 상식에 맞지 않는 가격을 고집하는 고객이 있는가 하면 살듯 말듯 이 핑계 저 핑계로 애를 태우는 고객도 있다. 여기에 응수하는 데는 여러 가지 방법이 있다. 하지만 몇 가지 방법이 먹히지 않는다면 빨리 포기하는 것이 나을 때도 있다. 자신감을 가지고 포기할 줄도 알아야 스트레스를 받지 않는다.

다음은 망설이는 고객을 다루는 톰 홉킨스와 짐 도먼스키의 방법이다. 당신이 만나는 고객은 여기서 크게 벗어나지 않을 것이다.

1. 톰 홉킨스의 방법

다음은 《세일즈 바이블》에 나오는 '영업의 달인' 톰 홉킨스의 거절 처리법을 재구성한 것이다. 당신이 만나는 잠재고객 중 대부분은 다음과 같은 말로 구매 결정을 늦추려고 할 것이다.

- "다시 한 번 생각해볼게요."

- "좀 더 곰곰이 생각해보고 싶어요."

- "우리는 성급하게 결론을 내리지 않아요."

- "전단지를 놓고 가세요. 보고 필요한 게 있으면 연락드릴게요."

- "생각해보고 전화드리겠습니다."

- "다음에 다시 오시면 어떨까요, 그때 알려줄게요."

당신은 "다시 한 번 생각해볼게요."라는 말을 들으면 어떻게 행동하는가? "네, 그러세요. 꼭 생각해보시고 연락주세요."라며 순순히 물러나는가? 그것이야말로 고객이 기대하는 바다. 일반적인 세일즈맨들은 그런 말을 듣고 순순히 물러나기 때문이다. 그렇게 물러난다면 잠재고객은 당신이 놓고 간 전단지를 보며 곰곰이 생각할까? 한마디로 '아니오'다. 당신이 물러가자마자 전단지는 쓰레기통으로 향할 것이다.

그렇다면 잠재고객이 이렇게 말할 때 영업의 달인들은 어떻게 대처할까? "고맙습니다. 그래도 저희 제품에 어느 정도 호감을 느끼시니 생각해보신다고 하시겠죠. 그렇죠, 고객님?"이라고 묻는다. 그러면 대부분의 고객들은 아무 말도 안 하거나 "네, 맞습니다."라고 답한다. 그러면 "선생님이 이토록 관심을 가지시는 만큼 상당히 세심하게 고려하실 거라고 생각해도 되겠습니까?"라고 질문한다.

이 질문을 던질 때는 살짝 미소를 띠고 '또 졌다'는 듯 행동하며 고객이 심사숙고할 것이라는 점을 확인한다. 이때 '상당히 세심하게 고려한다'라는 말을 강조하며 천천히 말한다. 그러면 고객은 상대방이 물러날 것처럼 행동하므로 그렇다고 답할 것이다. 그 답변을 들으면 "제 생각을 정리하고 싶어서 그러는데, 선생님께서 생각해보고 싶다는 문제가 저희 회사가 못미더워 그렇습니까?"라고 묻는다. 여기서 서로 다른 두 문장을 어떤 식으로 연결했는지 주목하라. 상세한 설명은 뒤에서 하겠다.

그럼 고객은 어떻게 대답할까? "아뇨, 당신네 회사는 믿을 수 있습니다."라고 답한다. 그러고 나면 "그럼 저의 판매 방식에 문제가 있었나요?", "아닙니다. 우리는 당신이 훌륭한 세일즈맨이라고 생각합니다.", "그것도 아니면 제품이 진짜 효과가 있는지 걱정되십니까?", "아뇨, 그건 아닙니다. 우리가 이미 확인했잖습니까?", "그럼 혹시 제가 맘에 안 드십니까?", "아뇨, 그럴 리가요."와 같은 대화로 이끌어간다.

이 과정에서 잠재고객은 '아니요'라고 말할 때마다 궁극적으로

'네'라고 말하는 셈이다. 이 기법은 제품 효과를 종합적으로 고려하도록 만들어준다. 따라서 이야기하지 말고 질문해야 한다. 만약 잠재고객이 조금이라도 일을 진행할 생각이 있다면 마지막으로 무슨 문제를 꺼내야 할까? 바로 돈 문제다.

"저희 회사의 제품 가격이 문제입니까?"라고 물으면 잠재고객은 "글쎄요, 돈 문제라면 심사숙고해봐야 하지 않을까요?"라고 대답할 것이다. "그럼 문제라는 게 실제로는 돈 문제군요, 그렇지 않습니까?"라고 다시 한 번 물으면 결국 "그렇죠."라는 답을 얻을 수 있다. 그럼 지금까지의 대화에서 무엇을 얻었을까? 매우 많은 것을 얻었다. 특히 거절 단계를 돌파해 마침내 '돈 문제'라는 반론의 실체와 맞닥뜨린 것이다.

이 과정에서 "제 생각을 정리하고 싶어서 그러는데, 선생님께서 생각해보고 싶다는 문제가 저희 회사가 못미더워 그렇습니까?"라는 말이 중요하다. 이 문장을 "… 선생님께서 생각해보고 싶다는 문제가 무엇입니까? 저희 회사가 못미더워 그렇습니까?"라고 두 문장으로 나눠선 안 된다. 그리고 "저희 회사의 …"를 언급할 때 어조를 바꾸어 실제로 문제가 있는 듯한 인상을 풍겨서도 안 된다. 이렇게 말 사이에 간격을 주면 잠재고객은 "아뇨, 말씀하신 것 전체를 다시 생각해보고 싶어서요."라고 말하게 돼 결국 아무 성과도 얻을 수 없다.

돈 문제밖에 남지 않았다고 생각될 때에는 이 문제만 잘 처리하면 뜻밖의 소득을 올릴 수 있으므로 적절히 처리해야 한다. 먼저 돈 문제 외에 고민은 더 없는지 물어봐야 한다. 더 이상 없다면 이제 돈 문제를 해결하는 방법에 대해 알아보자. 이때 대부분의 고객들은 "생각보다 비싸군요.", "그렇게 비싼 것을 살 여유가 없어요."라고 말한다. 그러면 앞에서 살펴본 가격 협상 요령을 참고해 대처하면 된다.

2. 짐 도먼스키의 3가지 방법

"생각할 시간이 필요해요", "좀 생각해 봅시다"라는 말에 대해 텔레마케팅 전문가인 짐 도먼스키는 《영업의 고수는 어떻게 탄생하는가》에서 다음과 같이 3가지 대응법을 알려주고 있다.

1) 아무 대답도 안 하기

상대방이 시간을 달라고 요청할 때 아무 말 없이 기다리는 것이다. 대부분의 사람은 침묵에 익숙하지 않다. 3~4초만 지나면 무슨 말이든 해서 침묵을 깨려고 한다. 그 효과는 정말 놀랍다. 대부분은 시간이 왜 필요한지 설명하기 시작한다. 그럼 상황이 분명해진다. 예를 들어 상사나 동료에게 의논해야 한다면 의사 결정 참여자가 추가로 밝혀지는 셈이다. 다른 제안서를 검토해야 한다는 말이 튀어 나올 수도 있다. 그러면 경쟁자의 존재가 드러난다. 또는 아직 결제할 돈이 준비되지 않았다고 말할 수도 있다. 어떤 정보가 나오든 그것을 바탕으로 다음 단계의 말이나 행동을 구상할 수가 있다.

2) 시간을 주되 약속 잡기

"물론 이런 결정에는 생각할 시간이 필요한 법이죠. 충분히 이해합니다. 제가 다음 주 방문해 다시 의논하면 어떨까요? 다음 주 수요일 오전 10시에 찾아뵙겠습니다."라고 말해보라. 잠재고객이 동의하면 생각할 시간이 필요한 상황이라고 볼 수 있다. 다시 상담할 시간을 정한다는 것은 상대방도 충분한 시간과 에너지를 할애하겠다고 약속한 것이다.

이때 날짜가 아니라 정확한 시간을 잡는 게 중요하다. 당신이 제안한 시간이 좋지 않다고 말하면 다른 시간을 제시하라. 그것도 안된다면 언제, 몇 시가 좋을지 물어보라. 좀처럼 시간을 정해주지 않는다면 가능성이 없다고 보아야 한다.

3) 이유 탐색하기

마지막 접근법은 "그렇군요. 저라도 생각할 시간이 필요할 것 같습니다. 그런데 어떤 점 때문에 망설이시는지 여쭤봐도 될까요?"와 같이 먼저 공감을 표시하고 이유를 물어 상대방의 속마음을 읽는 것이다. 이 질문은 "아직 제 대답이 충분하지 않다고 생각하시는 이유가 무엇인지 여쭤봐도 될까요?" 또는 "어떤 점이 염려되시는지 여쭤봐도 될까요?" 등으로 바꿔도 좋다. 이런 질문은 잠재고객의 속마음을 드러내고 실제 문제가 무엇인지, 고객이 정말 시간이 필요한지 여부를 밝혀준다.

3. 여러 가지 상황들

당신은 거절에 대한 두려움이 있지만 고객은 제품을 잘못 살지도 모른다는 두려움이 있다. 고객에게 제품의 효능에 대한 믿음을 주는 것은 영업 과정에서 매우 중요하다. 고객이 "믿어도 되나요?", "잘 사는 건가요?"라며 제품에 의심하는 태도를 보이면 이렇게 말하라.

- "고객님, 저희 회사는 30년이 넘었습니다. 품질이 떨어진다면 어떻게 그렇게 오랫동안 사업을 할 수 있었겠습니까? 한 번 구매하신 분들이 효과를 인정하고 재구매하시기 때문에 지금까지 회사가 존재하는 겁니다."
- "고객님, 잘 사신 겁니다. ㅇㅇㅇ고객님도 지난번 저희 제품을 이용하시고 매우 만족하셨습니다. 다시 말씀드리지만 잘사신 겁니다."
- "고객님께서 구입하신 제품은 저희가 판매하는 제품 중 고객님들이 가장 많이 찾으시는 제품입니다. 고객님은 오늘 제대로 선택하신 겁니다."

만약 당신 회사가 생긴 지 얼마 안 되었다면 이렇게 말하면 된다.

- "고객님, 저희 회사가 생긴 지 얼마 안 돼서 걱정하시는 것은 이해합니다. 그러나 저희 회사는 '고객만족'을 슬로건으로 고객님들이 필요로 하시는 제품을 만들기 위해 최선을 다하고 있습니다. 회사가 생긴 지 얼마 안 돼 벌써부터 엉터리 제품을 판매한다면 금방 망하고 말 겁니다. 그런 회사를 왜 만들겠습니까? 저를 믿고 구매하시면 크게 만족하실 겁니다."

상담이 성공해 고객이 구매를 결정하면 제품을 전달하고 대금을 받으면서 다음과 같이 한마디를 보태면 효과가 크다. 고객이 안심할 것이다.

- "고객님, 잘 사신 겁니다. 확실히 효과를 보실 겁니다."
- "고객님, 잘 사신 겁니다. 확실히 만족하실 겁니다."

고객은 항상 마지막 순간에 머뭇거린다. 고객은 확신이 들지 않으면 "지금은 생각할 여유가 없습니다. 집에 가서 생각해 생각해보겠습니다.", "집에 가서 아내와 의논해보겠습니다."라고 말할 것이다. 세일즈맨들이라면 흔히 듣는 말이다. 이때 "제가 도와드리겠습니다."라는 한마디는 의외로 효과가 있다.

- 고객: "집에 가서 아내와 의논해보고 연락드리겠습니다."
- 세일즈맨: "제가 도와드리겠습니다."

- : "네? 뭘 도와주겠다는 겁니까?"

- : "고객님이 생각하시거나 사모님과 상의하시더라도 이 분야는 제가 전문가입니다. 저는 이 분야에서 3년 이상 일했기 때문에 고객님이 좀 더 나은 선택을 하시는 데 도움이 될 것입니다. 중요한 선택은 전문가와 상의하는 게 도움이 되지 않겠습니까?"

- : "그래요. 그럼…."

"저희 어머니는 아직 그걸 구매하실 상황이 아닙니다.", "우리 아이는 그 제품을 살 정도로 심각하진 않습니다."라며 망설이는 고객에게는 "제 어머니라면 지금 사드리겠습니다.", "우리 아이라면 무조건 그 제품을 사용하라고 말할 겁니다."라는 말이 효과적이다. 고객이 살듯 말듯 망설이는 순간, 이 한마디는 큰 효과를 발휘한다.

영업 실적이 아무리 좋은 사람이라도 가망고객을 만날 때마다 모두 성공하는 것은 아니다. 사실 방문판매에서는 실패 확률이 압도적으로 높다. 그럴 때는 어떡할 것인가? 만약 가망고객이 타사 제품을 쓰기로 했다고 해서 고객이 이용하는 회사를 험담하면 절대 안 된다. 그것은 타사를 욕하는 것이 아니라 고객의 선택을 욕하는 것이다. 고객이 기뻐할 리 없고 그 고객을 영영 잃을 수도 있다.

당신이 할 일은 고객이 왜 타사 제품을 쓰는지를 알아보는 것이다. 제품이나 가격 경쟁력이 없는지, 실수한 것은 없는지 차근차근 생각해보아야 한다. 필요하다면 고객에게 왜 타사 제품을 쓰는지 물어라. 만약 그 원인이 당신에게 있다면 그동안의 영업 과정을 돌아보라. 그리고 잘못된 점을 발견하면 중요한 교훈을 얻은 것이다.

지금 타사 제품을 쓰는 고객이더라도 관계를 계속 형성하는 것은 중요하다. 정기적으로 찾아가거나 전화하라. 문자 메시지나 이메일로 소통하는 것도 좋다. 비록 지금은 놓쳤더라도 실망할 필요가 없다. 당신이 취급하는 제품과 비슷한 것을 타사 제품으로 쓴다는 것은 그 제품이 필요한 것이다. 잘하면 다시 당신의 고객으로 만들 수 있다. 고객은 돌고 돈다.

7장

돈이 되는
고객 관리

고객 관리는
왜 중요한가

고객 관리에서 월마트 창업자 샘 월트의 다음과 같은 말은 두고 두고 새겨둘 만하다.

"보스는 단 한 명, 고객뿐이다. 고객은 회장부터 하위 직원까지 모두 해고시킬 능력이 있다. 고객이 다른 데 돈을 쓰면 결국 우리는 모두 일자리를 잃을 수밖에 없다."

고객은 당당하게 많은 것을 요구할 권리가 있다. 만약 그 요구를 거부한다면 고객은 거래처나 세일즈맨을 바꿔버리면 된다. 그러나 세일즈맨은 고객을 바꿀 일이 없다. 고객 한 명을 잃을 뿐이다.

고객 관리의 중요성을 모르는 사람은 아무도 없다. 고객 관리 방법도 잘 알고 있을 것이다. 그런데 잘 실천하지 않는다. 세일즈맨은 심리적으로 매출에 쫓기면 이미 구매한 고객보다 당장 구매할 고객에게 관심을 더 갖는다. 그래서 고객은 "물건을 팔 때는 자주 오더니 팔고 나니 코빼기도 안 보인다."라고 불평하는 것이다. 고객이 이런 불평을 한다면 재구매는 물론 가망고객 소개도 물 건너갔다고 보면 된다.

세일즈맨들이 지닌 가장 착각 중 하나는 제품을 주고 돈을 받으면 그것으로 판매가 끝난 것으로 생각한다는 것이다. 건강기능식품의 경우, 고객이 잘 챙겨먹는지, 호전 반응은 없는지, 효과는 보고 있는지 등을 확인해 고객이 구매한 제품에 대해 만족한다고 말해야 비로소 판매가 끝나는 것이다. 화장품은 트러블이 없는지, 사용감이 좋은지, 피부 문제는 해결되고 있는지 등을 확인해야 한다. 따라서 영업에는 판매 종료 시점이 없을 뿐만 아니라 판매 종료라는 용어 자체가 있을 수 없다. 항상 현재진행형만 있는 것이다.

보험, 자동차, 가전제품은 한 번 구매하면 언제 재구매를 할지 알수 없다. 짧아도 몇 년, 길면 10년 이상이 걸릴지도 모르기 때문에 재구매만 바라보고 고객 관리를 할 수는 없다. 그러므로 재구매 주기가 긴 제품이나 주기가 없는 제품은 소개를 받기 위해 고객 관리를 하는 것이다.

건강기능식품은 구매 주기가 길어봤자 수개월이다. 구매 주기가 짧아 고객 관리가 유용하다는 장점이 있지만, 그만큼 고객 관리에 바쁘다. 팔 때 얼굴을 보이고 다시 살 때나 얼굴을 보인다면 고객의 신뢰를 얻을 수 없다.

당신은 자신의 매출 중 재구매 비율이 얼마쯤인지 따져본 적이 있는가? 영업의 달인일수록 재구매 비율과 소개 판매 비율이 높다. 아직도 신규 고객 매출 비율이 60% 이상이라면 고객 관리를 되돌아봐야 한다. 개척은 세일즈맨이라면 당연히 해야 할 일이지만 신규 개척고객에 대한 매출 의존도가 지나치게 높으면 월 초마다 막막할 수밖에 없다. 이제 돈 되는 고객 관리 방법을 구체적으로 살펴보자.

정기적으로 연락하라

가끔 연예인과 마주칠 때가 있다. 처음 보는데도 매우 친근하게 느껴져 반갑게 인사를 하게 된다. 왜 그럴까? 평소 TV에서 자주 봐왔기 때문이다. '고객 신뢰를 얻는 법'이란 강의에서 고객과의 친밀감을 높이기 위한 근접성 법칙을 말한 적이 있다.

세일즈맨은 고객과 자주 만나 얼굴을 보며 대화를 많이 나눠야 자연스레 친밀감을 높일 수 있다. 전화 대신 직접 얼굴을 보며 얘기하고 이메일 대신 직접 방문이 더 친밀감을 준다. 친밀감은 어쨌든 자주 봐야 생긴다. 세일즈맨이 고객과 정기적으로 연락을 해야 하는 이유다. 오랜만에 만나 서먹서먹하면 재구매나 소개는 일어나지 않는다. 이전에는 편지, DM 발송, 전화, 문자 메시지로 고객과 정기적으로 연락했지만, 지금은 커뮤니케이션 수단이 훨씬 다양해졌다.

스마트폰을 사용하면서 고객 관리 방법도 바뀌고 있다. 카카오톡(카톡), 카카오 스토리(카스), 페이스북(페북)을 활용하면 고객과 수시로 연락할 수 있다. 카톡은 문자 메시지 단계를 넘어 사진이나 동영상도 쉽게 전송할 수 있다. 싸이월드와 비슷한 카스는 친구 등록이 되면 서로의 일상을 수시로 보며 댓글을 남길 수도 있다. 카스 친구를 '카친'이라고 부르는데 하루에도 몇 번씩 고객과 댓글로 만날 수 있으니 굳이 얼굴을 보지 않더라도 친밀감을 유지할 수 있다. 페북도 이와 비슷한 구조를 지닌다. 그런데 SNS를 지나치게 상업적으로 활용하는 세일즈맨이 있다. 자신의 스토리를 온통 제품 사진으로 도배하면 오히려 반감을 살 수 있으니 주의해야 한다.

고객과 정기적으로 연락하려면 우선 목표와 계획을 세워야 한다. 대부분의 세일즈맨은 매출 목표와 매출 계획은 있어도 고객 관리 계획은 없다. 세일즈맨이라면 모든 부분에 계획을 세우고 영업을 해야 한다. 그래서 필자는 항상 주간계획표를 작성하고 활동하라고 강조한다.

주간계획표에는 일주일 동안 할 수 있는 고객 관리 목표를 반드시 적는다. 예를 들어 '주당 기존 고객 7명 만나기', '하루 3명과 통화하기', '주 1회 모든 고객에게 카톡이나 문자 메시지 보내기'와 같이 구체적으로 목표를 세우고 실행해야 한다. 이때 언제 누구를 만날지, 언제 누구와 통화할지 미리 계획을 세워 주간계획표의 '약속'란과 '실천사항'란에 적어놓으면 잊지 않고 한 번에 몰아서 연락할 필요도 없으니 유용하다.

매출에 쫓겨 신규 고객을 만나느라 바쁘게 활동하다 보면 기존 고객 관리에 소홀하기 쉽다. 하지만 계획을 잘 세우고 시간을 잘 나누어 쓰면 충분히 효과적으로 관리할 수 있다. 주간계획표 작성 요령은 필자의《세일즈 멘토링》에 정리해놓았으므로 여기서는 생략한다.

또한 고객 관리 카드를 관리하는 데도 정성을 기울여야 한다. 고객 관리 카드가 왜 필요하다고 생각하는가? 이 질문을 던지면 많은 세일즈맨들이 고객 관리를 잘하기 위해서라고 답한다. 아니다. 고객 관리 카드가 필요한 이유는 고객이 많기 때문이다. 한두 명밖에 없다면 왜 필요하겠는가? 그냥 외우면 된다. 고객의 모든 것을 기억할 수 없으니 기록해 관리하기 위해서다.

고객을 처음 만나면 이름, 주소, 연락처 등 간단한 사항만 기록할 수밖에 없다. 그 후에는 만날 때마다 좀 더 자세하고 정확히 적어나가되 만난 날 바로 적어야 잊지 않는다. 특히 반드시 적어야 할 것은 고객의 성격적 특성이다. '약속 어기는 것을 싫어함', '성격이 까다로움', '가격을 깎으려고 함', '선물을 좋아함' 등을 적어 놓으면 고객을 만날 때 대비할 수 있다. 고객 관리 카드 정보가 정확해야 그것을 바탕으로 경조사를 챙기고 구매 주기를 알 수 있다.

고객 관리 카드가 너덜너덜해질 때까지 보고 또 보고, 고객을 연구해야 고객이 무엇을 원하는지, 무엇을 하고 싶어 하는지, 무엇이 필요한지 알 수 있다. 고객도 제대로 모르면서 고객 관리를 한다는 것은 말이 안 된다.

3

제품을 제대로 사용하도록 도와주어라

고객이 제품을 제대로 사용하도록 도와주는 것은 당연한 원칙이지만 의외로 잘 지켜지지 않고 있다. 보험 상품의 경우, 가입할 때 상품 설명을 들었더라도 시간이 지나면 고객은 자신이 어떤 상품에 가입했는지 잊어버린다. 따라서 당신은 고객이 어떤 상품에 가입했는지, 어떤 혜택을 받을 수 있는지 주기적으로 알려주어야 한다. 고객에게 정기적으로 상품의 장점을 설명한다면 고객은 자신이 가입한 상품의 우수성을 다시 깨닫고, 다른 가망고객을 소개해주고 싶어질 수도 있다.

김성오 사장이 처음 마산에서 버스도 안 다니는 변두리에 약국을 개업해 고군분투한 이야기는 그의 저서 《육일약국 갑시다》에 잘 나와 있다. 그는 개업 초기에 다음과 같은 5가지 질문을 자신에게 항상 던졌다고 한다.

1. 지금 저 사람에게 필요한 것은 무엇인가?

2. 내가 무엇을 줄 수 있을까?

3. 오늘 저 고객은 내게 만족했을까?

4. 저 고객이 다음에 다시 올까?

5. 저 고객이 다음에 올 때 다른 사람까지 데려올까?

이와 같이 김 사장은 고객이 무엇을 필요로 하는지, 고객에게 무엇을 줄 수 있는지를 항상 고민했다. 그다음 질문들을 살펴보자. 고객을 만족시켜야(3) 재구매가 일어나고(4) 소개판매(5)가 일어난다는 사실을 김 사장은 약국을 처음 시작하면서부터 알고 있었던 것이다. 이런 고객 관리 덕분에 변두리에서 개업한 지 몇 년 만에 그는 마산에서 가장 큰 약국을 일굴 수 있었다.

4

불만고객의
감정에 공감하라

타라 헌트Tara Hunt의 《우피 경제학》을 보면 고객의 부정적인 반응
에 대응하는 법을 소개하고 있다. 감정적인 고객을 대하는 최악의
방법은 감정을 무시하는 것이다. 응답해야 할 핵심문제가 있더라도
먼저 고객의 감정을 알아주고 처리해야 한다. 예를 들어 "정말 실망
했겠어요."라고 말해 상대방의 감정에 공감한다는 뜻을 전하는 것이
다. 그렇게 하는 것은 대화를 계속 이어가는 데 중요한 역할을 한다.

일단 고객이 그런 감정적 유대감을 느끼면 문제가 해결되지 않더
라도 당신의 말에 귀 기울일 가능성이 높다. 고객이 개인적으로 응
어리가 남아 있더라도 당신의 반응을 목격한 다른 사람들은 당신을
분별력 있고 친절하다고 생각할 것이다. 그로 인해 사람들은 더 많

은 신뢰를 보내고 당신이 공정하다는 평가를 하게 된다.

다음에 소개할《우피 경제학》의 '버진 아메리카 항공사Virgin America Airline' 사례는 고객의 부정적인 반응에 긍정적으로 대처하는 좋은 방법을 보여준다.

어느 날 행선지의 악천후로 출발 시간이 지연되어 승객들은 3시간 후 출발할 수 있다는 안내 방송을 들었다. 그때 정장 차림의 승객이 카운터로 다가가 불만을 토로했다. 비행기가 늦게 출발하면 환승시간을 놓쳐 중요한 회의에 참석하지 못할 것이라며 흥분을 감추지 않았다. 그는 버진 아메리카 항공사에서는 출발 지연이 자주 있는 일이라며 소리를 질렀고 다른 사람들도 그 말을 듣게 되었다. 그러자 카운터에 있던 여직원이 그 말을 주의 깊게 듣고 이렇게 답했다.

"고객님이 실망하시는 점은 잘 알겠습니다. 비행기 지연에 대해 제가 도와드릴 방법은 없지만. 다른 항공편을 알아보고 제시간에 목적지에 도착할 수 있도록 도와드리겠습니다."

이런 대응은 그 승객의 흥분을 가라앉힌 것은 물론이었다. 주위의 다른 승객들도 그녀의 배려와 친절에 대해 칭찬하기 시작했다. 또한 그들은 다른 항공사에서 겪은 형편없는 서비스에 대한 얘기까지 주고받았다. 그 여직원의 적극적이고 공감적인 대응은 그 장면을 목격한 다른 승객들의 우피(좋은 평판)를 쌓는 데 큰 도움이 되었다.

앞의 사례처럼 고객이 흥분해서 불평할 때는 공감하며 끝까지 경청하는 것이 중요하다. 고객의 분노가 진정될 때까지 차분히 들어주어야 한다. 당신은 여러 번 겪은 일이어서 고객이 첫마디만 떼도 무슨 말을 하려는지 알 수 있다. 그렇다고 중간에 말을 자르고 모두 안다는 듯 말하는 것은 절대 금물이다.

당신은 모두 알고 있는 얘기겠지만 고객은 처음 겪는 일이므로 끝까지 듣고 진심으로 공감해야 한다. "고객님, 많이 걱정하셨죠? 저라도 그랬을 겁니다. 모두 이해합니다."라고 말하고 "혹시 다른 문제나 궁금한 점은 없으세요?"라고 질문해야 한다. 고객이 자신의 얘기를 충분히 말하도록 유도하라. 그러면 고객은 당신을 신뢰할 것이다.

메이요 클리닉은 100년이 넘은 미국 비영리 의료법인으로 환자를 최우선으로 한다. 이 병원이 크게 성공하고 유명해진 비결은 고객의 말을 경청하는 태도였다. 레너드 L. 베리와 켄트 D. 셀트먼이 쓴 《메이요 클리닉 이야기》를 보면 이 병원 직원들이 환자의 말에 얼마나 귀 기울이는지 잘 나와 있다.

성공은 저절로 따라오는 것이 아니다. 편지에 나온 바에 따르면 환자는 메이요 클리닉에 오기 전까지 유명 의료기관 네 군데를 거쳤다. 하지만 그녀의 말에 귀 기울인 곳은 아무데도 없었다. 하지만 메이요 클리닉의 간호사는 무려 45분 동안 환자의 긴 얘기를 경청한다. 그리고 그 환자를 만난 위장 담당 내과 의사도 충분한 시간을 할애해 얘기를 들어주었다.

이 병원에는 의사용 커뮤니케이션 교육 과정도 있다. 의사와 환자 간 관계 개선을 위해 커뮤니케이션을 강조한다. 특히 이 교육 과정은 의사들에게 환자가 처음 꺼내는 말에 끼어들지 말고 끝까지 들어줄 것을 강조한다. 그리고 말이 끝나면 "혹시 더 하실 말씀은 없으신가요?"라고 질문해 환자가 중요한 정보나 관련 사항을 감추고 있는지 확인할 것을 가르친다.

고객 중에는 불만이 있더라도 '다음부터 이용하지 않으면 되지.'라며 내색을 하지 않거나 말하지 않는 사람이 상당히 많다. 그래서 고객이 불만을 터놓기 전에 불편사항을 미리 질문하는 것은 고객관리에서 매우 중요하다. 불만을 털어놓지 않는다고 해서 만족하고 있다고 넘겨짚는 것은 큰 오산이다.

다음의 〈표5〉은 5가지 금지 말투로 《서비스 달인의 비밀노트1》에 등장한 것을 그대로 옮겨 놓았다. 고의든 모르고 그랬든 고객들을 화나고 짜증나게 만드는 말투들이니 참고하기 바란다.

|표 5| **5가지 금지 말투**

금지 말투	대체 말투
"저는 모릅니다."	"와, 좋은 질문이네요. 제가 한 번 알아보겠습니다."
"저희는 그렇게 할 수 없습니다."	"와, 그건 쉽지 않네요. 하지만 할 수 있는 데까지 해보죠."라고 말한 다음 다른 해결방안을 찾아보라.
"고객님께서는 이렇게 하셔야 합니다."	고객의 요청에 "고객님께서는 이렇게 하실 필요가…", "저희는 이렇게 도와드릴 수 있을 것 같은데요.", "다음에도 그런 일이 생기면 고객님께서는 이렇게 하시면 됩니다."라고 부드러운 어투로 말하라.
"잠깐만요. 금방 돌아올게요."	"그걸 하려면 2~3분(또는 실제 걸릴 시간)이 걸릴지도 모르겠네요. 제가 알아보는 동안 기다리실 수 있으세요?"
"안돼요."	말하기 전에 생각을 하고 "손님께 환불해드릴 수는 없지만 무료 교환해드릴 수는 있습니다."와 같이 부정적인 말을 긍정적으로 바꿔라.

고객에게는 당신이 회사의 대표다. 당신이 잘못하면 고객은 당신뿐 아니라 회사 전체를 험담한다. 시간이 지나면 당신의 이름은 기억에서 잊혀질지 모르지만 회사 이름은 절대로 잊지 않는다. 기회만 되면 고객은 친구들에게 "○○○사 형편없어!"라고 말할 것이다. 그러므로 고객의 불만을 기회로 삼아 고객으로부터 강력한 신뢰를 얻도록 최선을 다해야 한다. 다음은 고객을 효과적으로 관리할 때 쓰는 질문들이다.

- "저와 거래하시면서 느끼셨던 불만사항 한 가지만 말씀해주시겠습니까?"
- "어떻게 하면 고객님께 도움이 되겠습니까?"

- "고객님께서 원하시는 것을 저희가 충족시키고 있습니까? 그렇지 못한 것이 있다면 말씀해주십시오."

- "고객님, 지난 번 구입하신 제품은 잘 사용하고 계시죠? 사용법을 다시 한 번 설명해드릴까요?"

- "저희 건강기능식품을 드시면서 ○○○반응이나 △△△반응이 나타나지 않았나요?"

- "건강은 어떠세요? 저희 식품을 드시기 전에는 ○○했는데, 지금은 괜찮아지셨나요?"

- "저희 사무실에서 우수고객 초청 건강강좌를 계획 중인데 고객님을 꼭 초대하고 싶습니다. 고객님께서 건강 관리를 하시는 데 큰 도움이 될 것으로 생각합니다만, 고객님의 생각은 어떠세요?"

- "고객님, 다음 주 목요일이 결혼기념일이시던데 계획이 있으십니까? 두 분이 오붓한 시간을 보내시도록 ○○레스토랑 식사권 두 장을 제가 예매했습니다. 언제가 좋을지 말씀해주시면 제가 예약해놓으려는데 괜찮으시겠죠?"

- "고객님, 요즘 영화 ○○이 재미있다는데 혹시 보셨습니까? 제가 예매해놓을 테니 편한 시간을 말씀해주십시오."

- "다음 주 금요일 고객님의 댁 근처에서 볼일이 있어 방문을 하려고 합니다. 필요한 것 있으면 말씀해주십시오. 오후 2시가 좋을까요? 3시가 좋을까요?"

- "화장품 사용 순서가 헷갈리지 않으신지요?"

- "화장품을 바꾸시고 트러블은 없으신가요? 괜찮으시죠?"

- "모공이 눈에 띄게 좁아지셨죠? 팩을 하시면 더 큰 효과를 볼 수 있는데 혹시

관심 있으신가요?"

- "고객님, 계약 내용이 잘 생각나지 않으시죠? 다시 한 번 설명해드릴까요?"

- "자동이체 통장의 잔액을 확인해보셨나요?"

- "고객님, 축하드립니다. 고객님께서 가입하신 보험이 최고 상품이라는 것을
  알고 계시죠?"

- "혹시 가입하신 보험에 대해 궁금하신 점이 있으신가요?"

5

고객 관리를
소개판매로 연결하라

고객 관리의 백미는 뭐니 뭐니 해도 소개판매다. 하지만 세일즈 후에 입을 싹 닦는다면 누가 소개해주겠는가. 고객이 세일즈맨에게 연락하는 것이 더 어렵다는 사실을 알아야 한다.

사람은 주기적인 접촉이 있어야 만나도 자연스럽다. 세일즈맨도 그럴 것이다. 오랜만에 만나면 불편하다. 한참 만에 고객에게 전화하려면 수화기에 선뜻 손이 가지 않을 것이다. 고객도 마찬가지다. 고객은 쑥스럽다. 그래서 연락하고 싶어도 못하는 것이다. 그러니 월초에 문자 메시지 한 통이라도 보내보자. 지나가는 길에 고객님 생각이 나 잠시 들렀다며 얼굴이라도 보이자.

고객 관리를 잘하면 고객은 신뢰를 느끼고 소개에 적극적일 것이다. 단순 세일즈보다 소개 세일즈가 생산성 측면에서 훨씬 유리하다. 대부분의 판매왕들은 소개판매만으로도 한 달이 바쁘다. 한 달 실적을 너끈히 채운다.

알 그래넘Al Granum은 소개에 의한 고객 발굴보다 나은 기법은 세상에 없다고 말했다. 당신은 소개의 기회를 잘 포착해 계약으로 이끌어야 한다. 하지만 고객이 무조건 소개해주는 것은 아니다. 고객에게 소개는 것은 정말 귀찮은 일이다. 소개해 주고 나면 계약 성사가 안 될 수도 있고, 욕먹는 일이 생길 수도 있다. 은근히 신경 쓰이기 마련이다. 그런데도 소개해준다면 당신이 마음에 든 것이다. 그러므로 소개를 받으면 그런 고객의 마음을 잘 헤아려야 한다.

모든 고객이 소개해주진 않는다. 소개를 망설이거나 소개 자체를 모르는 고객도 있다. 그런 고객에게는 "저희 제품에 대해 어느 정도나 만족하십니까?"라고 질문해보자. 이 질문에 긍정적으로 답한다면 당신이 취급하는 제품에 신뢰가 있다는 뜻이니 본격적으로 소개를 부탁할 만하다. 이런 고객에게는 자신 있게 "고객님 주변에 고객님처럼 저희 제품이 꼭 필요한 분 ○명만 소개해주십시오."라고 요청하라.

그러나 막연히 소개해달라는 것보다는 구체적으로 지명해 부탁하는 것이 좋다. 예를 들어 "고객님이 만나시는 친목회원 중 정기적으로 병원에 다니시는 분이 계십니까? 한 번 상담하고 싶은데 3명 정도만 소개해주십시오"라고 구체적으로 부탁하면 고객도 생각하기 편하고 소개받을 확률도 높다. 평소 고객과 자주 만나다보면 고객의 여러 모임을 알 수 있을 것이다. 친구, 직장 동료, 동종업종 모임, 학부모회, 친목회, 에어로빅 모임, 헬스클럽 모임 등에 대해 물어보고 회원들을 소개해달라고 부탁하는 것이 좋다.

부탁할 때는 지나가는 말투로 해야 고객도 가볍게 생각한다. 간곡한 어조로 부탁하면 부담을 느끼고 누구를 소개해줄지 고민할 수 있다. 다음은 소개를 요청하기 전에 운을 띄우는 질문의 예다.

- "고객님과 가깝게 지내는 직장 동료는 어떤 사람들입니까?"
- "함께 운동하시는 분들 중 어떤 분과 마음이 가장 잘 맞습니까?"
- "고객님과 같은 사업을 하시는 분들 중 어떤 분이 가장 성공하셨습니까?"
- "고객님, 사업하시면서 특별히 많이 도와주신 분이 있습니까?"

이렇게 질문하면 고객은 누구누구가 있다고 말할 것이다. 그러면 그들을 소개해달라고 정중히 부탁하면 된다. 또한 다음과 같이 곧바로 소개를 부탁할 수도 있다.

- "주변에 고객님과 비슷한 증세로 고생하시는 분이 계시면 말씀해주세요. 그분도 고객님처럼 효과를 보시면 얼마나 좋겠어요? 두 분 정도 소개해주실 수 있겠습니까?"
- "관절염으로 고생하시는 분이 있으면 세 분만 소개해주실 수 있으시죠?"

- "고객님처럼 위장병으로 고생하시는 친구분이 계시면 세 분만 소개해주실 수 있겠습니까? 고객님께 하듯이 정성껏 모시겠습니다."

- "고객님의 친목 모임 중 고객님처럼 피부가 건조한 분을 소개해주시면 그분께 좋은 기회가 되지 않을까요?"

- "친구 분들 중 주름 때문에 신경 쓰시는 분이 계십니까? 그분도 저희 기능성 화장품을 사용하시면 고객님처럼 만족하시지 않을까요?"

- "고객님 주변에 잡티나 주근깨 때문에 고민하시는 분이 계시면 O명만 소개해주시겠습니까? 저희 제품은 확실하니까 만족하실 겁니다."

- "피부 트러블 때문에 신경 쓰시는 분이 계시면 소개해주실 수 있겠습니까?"

- "고객님처럼 노후를 걱정하시는 친목회원이 계십니까? O명만 소개해주십시오."

- "세금 문제로 고민하시는 분이 계십니까?"

- "고객님 주변에 재테크에 관심 있지만 방법을 몰라 고민하시는 분이 계시면 소개해주시겠습니까?"

소개받을 때는 반드시 2가지 사항을 기억해야 한다.

첫째, 무조건 보고하라. 고객은 소개해준 다음 결과를 궁금해한다. 나름대로 배려해서 해준 소개인데 감감무소식이라면 배신감을 느낄 것이다. 다시 말하지만 고객은 엄청나게 배려를 한 것이다. 이 단계를 무시하면 고객으로부터 더 이상 소개받을 생각은 안 하는 게 좋다. 곧바로 결정나지 않더라도 수시로 중간보고를 해야 한다. 고객이 소개해주어 최선을 다해 성실히 응대하고 있다는 사실을 보여주어라. 그래야 고객이 뿌듯해하지 않겠는가!

　둘째, 결과와 상관없이 무조건 감사를 표현하라. 계약이 성사되면 고객은 무척 흐뭇하고 어깨에 힘이 들어가게 된다. 하지만 살 것이라고 생각해 소개했는데 그렇지 않다면 무척 미안할 것이다. 고객이 미안해하지 않도록 다음과 같은 말로 미리 선수를 쳐라!

- "고객님, 어렵게 소개해주셨는데 제가 마무리를 잘 못해 죄송합니다."
- "고객님, 바로 계약은 안 하셨지만 앞으로 꾸준히 관리해 꼭 성사하겠습니다."

　판매에 실패했더라도 감사를 표현해야 한다. 감사를 표현하지 않으면 고객이 오히려 미안해하며 다시 소개해줄 용기가 나지 않을 것이다. 판매에 성공했다면 부담스럽지 않은 범위에서 작은 선물을 하라. 작은 씨앗 하나가 싹을 틔워 튼튼한 가지가 되고 나뭇잎을 만들어 풍성한 과실을 맺듯이, 고객 한 명이 어떤 영향을 미칠지 아무도 모른다.

한국세일즈코치협회
교육 프로그램

[교육문의]

·카페: http://cafe.naver.com/koreasalescoach

·이메일: ecooh@naver.com

·C.P: 010-5304-3449

■성과를 창출하는 세일즈 프로그램(B2C, 8시간)

	대주제	소주제	세부내용/사례
1	세일즈 준비	1. 세일즈맨으로 태어나기	·세일즈 목표와 동기 찾기 ·사명감 기르기
		2. 정신력 기르기	·낙관주의자 되기 ·혼잣말이 중요하다 ·입술 끝을 올려라
		3. 활동계획 세우기	·행동계기 만들기 ·하지 말아야 할 일 목록 만들기 ·활동계획서 만들기
2	고객 발굴 전략	1. 고객 발굴하기	·연고활용/연구와 조사/세미나 행사/ 소개받기
		2. 개척활동	·효과적인 전화 접근법 ·고객과 반드시 약속을 잡는 비결 ·고객 방문 요령
3	신뢰 관계 구축하기	1. 신뢰 쌓기	·처음 접근하며 신뢰 쌓기 ·상품 설명을 할 때 신뢰 쌓기 ·마무리 단계에서 신뢰 쌓기 ·계약 후에 신뢰 쌓기 ·DM발송이나 택배로 신뢰 쌓기
4	파워 질문법	1. 고객 상황과 문제 파악	·고객의 상황을 파악하는 질문 기술 ·고객의 문제를 파악하는 질문 기술
		2. 문제 원인과 파급효과 파악	·고객 문제의 원인 파악 질문 기술 ·문제 미해결 시 파급효과 질문 기술
		3. 해결책과 비전제시	·해결책을 묻는 질문 기술 ·문제 해결 시 고객의 이익·효과 질문 기술
5	효과적인 상담기법	1. 설득력 있는 메시지 만들기	·고객의 감성을 자극하는 한마디를 찾기 ·고객의 머릿속에 그림을 그리기 ·고객 자신도 모르게 설득하는 넛지 설득
		2. 클로징과 상황별	·클로징이란 무엇인가? –클로징을 위한 10가지 조건 ·다양한 클로징 방법

▪성과를 창출하는 세일즈 프로그램(B2C, 16시간)

	대주제	소주제	세부내용/사례
1	세일즈 정신력	1. 세일즈맨으로 태어나기	·세일즈 목표와 동기 찾기 ·사명감 기르기
		2. 정신력 기르기	·낙관주의자 되기 ·혼잣말이 중요하다 ·입술 끝을 올려라
2	세일즈 준비	3. 활동계획 세우기	·행동계기 만들기 ·하지 말아야 할 일 목록 만들기 ·활동계획서 만들기
3	고객 발굴 전략	1. 고객 발굴하기	·연고활용/연구와 조사/세미나 행사/소개받기
		2. 개척활동	·효과적인 전화 접근법 ·고객과 반드시 약속을 잡는 비결 ·고객 방문 요령
4	신뢰 관계 구축하기	1. 신뢰 쌓기	·처음 접근하며 신뢰 쌓기 ·상품 설명을 할 때 신뢰 쌓기 ·마무리 단계에서 신뢰 쌓기 ·계약 후에 신뢰 쌓기 ·DM발송이나 택배로 신뢰 쌓기 ·고객의 마음을 여는 칭찬법 ·고객과 공감대 형성하기
5	파워 질문법	1. 질문의 효과	·세일즈 상담 4단계 ·지금까지 무엇이 잘못되었는가? ·질문과 성공
		2. 상황과 문제를 파악	·고객의 현재 상황에 대한 정보수집 질문 ·고객의 문제를 파악하여 잠재 니즈 발굴 질문
		3. 문제 원인과 파급효과 파악	·고객 문제 확대 발전하는 질문 ·구매욕구를 강화하는 질문
		4. 해결책과 비전 제시	·고객의 비전 파악 질문 ·고객의 해결책과 비전을 묻는 질문
6	효과적인 상담기법	1. 설득력 있는 메시지 만들기	·고객의 감성을 자극하는 한마디를 찾기 ·고객의 머릿속에 그림을 그리기 ·고객 자신도 모르게 설득하는 넛지 설득
7	클로징과 상황별 고객 대처법	1. 클로징	·클로징이란 무엇인가? ·클로징을 위한 10가지 조건 ·다양한 쿨로징 방법들
		2. 상황별 대처법	·부정적인 고객 다루가 ·망설이는 고객 다루기 ·가격문제 다루기 ·무관심한 고객 다루기
8	고객 관리	불만고객 응대법	자기감정 다스리기/공감과 경청/상황조사/신속한 문제 해결/적절한 보상/긍정적 마무리

■ 세일즈 프로그램(B2B, 16시간)

	대주제	소주제	세부내용/사례
1	영업의 이해	1. 영업의 특징	·영업의 중요성 ·시대에 따른 영업인의 역할 변화
		2. 영업 프로세스	·영업의 프로세스 ·영업 프로세스별 성공확률
		3. 영업과 마케팅	·영업과 마케팅 다른점 ·환경분석/시장조사/STP전략/마케팅 믹스/IMC
2	고객발굴과 고객분석	1. 잠재고객	·잠재고객의 특성 파악/잠재고객의 확보/잠재고객 선별
		2. 고객의 구매이해	·소비자의 구매유형/소비자 구매 과정 ·조직 구매자의 구매 목적과 특징/조직 구매자의 구매유형/조직 구매자의 구매 과정
		3. 가망고객 발굴	·가망고객 발굴 과정 ·가망고객 필요인식과 고객 육성 방법 ·가망고객 관리방법/협력고객 확보
		4. 고객 사전 조사	·활용할 수 있는 정보의 원천 ·사전 조사로 알아야 할 사항 ·고객 정보 수집과 분석(구매동기와 니즈파악) ·방문 준비(자료준비, 예행연습 등)
3	영업 계획	1. 판매예측	·판매 예측 유형과 활용 ·판매 예측 영향 요인
		2. 영업 목표 선정	·정량 목표(매출, 이익, 거래처수 등) ·정성 목표(접촉, 방문, PT, 상담)
4	커뮤니케이션 기본 스킬	1. 경청	·경청의 단계/경청 스킬 연습/적극적 경청의 반응
		2. 질문	·질문의 역할/열린 질문과 닫힌 질문 ·질문 스킬 연습
5	고객문제 진단과 비전 제시	1. 고객문제 진단과 분석	·고객 접근 전략 ·고객문제를 진단하고 원인 분석을 위한 질문 기술
		2. 고객문제의 파급효과 분석	·고객 문제의 파급효과 분석 ·파급효과의 영향력 분석을 위한 질문 기술
		3. 문제 해결의 비전 제시	·문제해결로 인한 고객의 이익을 묻는 질문 기술 ·해결책 질문 기술
6	가치제안과 해결책 제시	1. 의사결정권자 찾기	·다양한 의사결정권자 ·의사결정권자의 특징과 공략법
		2. 가치분석과 거래이유 제시	·가치분석이 필요한 이유 ·가치분석 요소/구매 이유 제시
		3. 문제 해결의 비전 제시	·문제해결로 인한 고객의 이익 제시 ·해결책 제시
7	거래 마무리와 고객 의도 대처하기	1. 거래 마무리 전략	·고객의 구매전술 파악/협상 원칙 설정
		2. 고객 의도 파악과 대처 요령	·추가 자료를 요구할 때/견적서를 요구할 때 ·다시 전화 달라고 할 때/가격을 협상하지고 할 때
8	고객 관리	1. 공급	·제품 수량, 품질 검증(생산) ·제품 보관, 배송, 납기일 검증(물류) ·공급 내역서 작성과 송부
		2. 고객 관계 관리	·기존 고객의 의미와 중요성/기존 고객 유지 ·기존 고객의 활성화/선별

▪세일즈 프로그램(B2B, 8시간)

	대주제	소주제	세부내용/사례
1	영업의 이해	1. 영업의 특징	·영업의 중요성 ·시대에 따른 영업인의 역할 변화
		2. 영업 프로세스	·영업의 프로세스
2	고객발굴과 고객분석	1. 잠재고객	·잠재고객의 특성 파악/잠재고객의 확보/ 잠재고객 선별
		2. 가망고객 발굴	·가망고객 발굴 과정 ·가망고객 관리방법 ·협력고객 확보
		3. 고객 사전 조사	·활용할 수 있는 정보의 원천 ·사전 조사로 알아야 할 사항 ·고객 정보 수집과 분석(구매동기와 니즈파악) ·방문 준비(자료준비, 예행연습 등)
3	고객문제 진단과 비전 제시	1. 고객문제 진단과 분석	·고객 접근 전략 ·고객문제를 진단하고 원인 분석을 위한 질문 기술
		2. 고객문제의 파급효과 분석	·고객 문제의 파급효과 분석 ·파급효과의 영향력 분석을 위한 질문 기술
		3. 문제 해결의 비전 제시	·문제해결로 인한 고객의 이익을 묻는 질문 기술 ·해결책 질문 기술
4	가치제안과 거래 마무리	1. 의사결정권자 찾기	·다양한 의사결정권자 ·의사결정권자의 특징과 공략법
		2. 가치분석과 거래이유 제시	·가치분석이 필요한 이유 ·가치분석 요소 ·구매 이유 제시
		3. 거래 마무리 전략	·고객의 구매전술 파악 ·협상 원칙 설정
5	고객 관리	2. 고객 관계 관리	·기존 고객의 의미와 중요성 ·기존 고객 유지 ·기존 고객의 활성화/선별

신뢰를 파는 것이 세일즈다

초판1쇄 인쇄 2017년 1월 15일
초판1쇄 발행 2017년 1월 20일

지은이 오정환 · 나상오 · 김신우 · 이소형 · 강상옥 · 이수미 지음
펴낸이 김진성
펴낸곳 호이테북스

편집 정소연, 허강
디자인 장재승
관리 정보해

출판등록 2005년 2월 21일 제2016-000006
주소 경기도 수원시 팔달구 정조로900번길 13 2층(북수동)
전화 02-323-4421
팩스 02-323-7753
홈페이지 www.heute.co.kr
이메일 kjs9653@hotmail.com

값 15,000원
ISBN 978-89-93132-49-6 13320

*잘못된 책은 서점에서 바꾸어 드립니다.